「むなしさ」の味わい方

きたやまおさむ
Osamu Kitayama

Eurus Notus Boreas Zephyrus

岩波新書
2002

目次

序章　「むなしさ」という感覚

間がもたない

自分のやっていることに意味があるのか。自分に存在価値があるのか。大切なものを探しているけれど、まったく見つからない。何をやっても、砂をかむようで、苦く味気がない。徒労感を覚え、心にぽっかりと穴があき、そこを風が吹き抜ける。むなしい——。

現代を生きる誰もがそんな感覚を抱いた経験があるでしょう。もちろん私にもあります。むしろ、私はそうした感覚に敏感だったように思います。むなしいと感じることが、昔から多くありました。その感覚に襲われて、若いころかなり苦しんだこともあります。いったい、何のためにこんなことをやっているのか、自分のやってきたことは全部、無意味だったのではないか、と。そして、何度となくため息をつく。

最近になって私は、それが生きていくうえで普通の感覚なんだろうとも感じてきました。そんな感覚に襲われないに越したことがないとは思いつつも、でも、これも喜怒哀楽の一つであり、なくすことはできないのだろうと。

ところが、この「むなしさ」という感覚について他人に話してみると、否定的な反応をされることが多いのです。そんな感覚に襲われることは、無駄なことであり、恐ろしいことであり、要するに、あってはいけないことのように思われています。

でも私にとって、むなしいと感じるということは、立ち止まって、自分を見つめ直すことでもあります。確かに、現代社会をみまわしてみると、こうした場や機会を回避しようとするのが普通のようです。

たとえば、電車に乗れば、ボーっと窓の外を眺めている人はずいぶんと少なくなりました。皆、スマホに釘付けです。スマホというのは、本当に便利なものです。文字も音楽も映像も果てしなく与えてくれる。欲しいものを探して、手に入れることも一見、簡単にできるようにみえる。ふと立ち止まって、自分を見つめたり、いろいろ考えたりしなくてもいいわけです。暇な時間を埋めてくれて、気を紛らわしてくれる。

すなわち「間《ま》」というものを埋めてくれる。むなしい「間」が生じないように回避してくれるのです。スマホに限らず、私たちの周囲には、情報であり、商品であり、娯楽スポットであり、「間」を生じさせないような仕組みがはりめぐらされています。かつては、「間」をつぶすのに、たとえば、タバコを吸ったり、お酒を飲んだりして、ふとため息をついたりもしていました。こうした「間」のアナログ的な使い方と、スマホで「間」をデジタル的に埋めるのは違うでしょう。

いまや、「間」があいたことを感じることがとても少ないのです。同時に、街からも「間」は確実に消えていっています。かつてはどこにでもあり、子どもたちが遊んでいた空き地などはどんどんなくなっていきます。利用されていない無駄な土地として活用することが主張され、マンションが建てられたり、商業施設が建設されたりと、利用目的が与えられて明示される。都会などでは、何の飾り気もない白い壁、意味のなさそうな空き地などもなくなり、広告や看板などに埋め尽くされている。何の目的もない、ただあるだけという「間」は、存在してはいけないかのように、どんどんと埋められているのです。

こうした環境の中で、私たちはむしろ「間」というものに対して極めて弱くなっているのではないでしょうか。「間」が存在しないよう周到に回避されているために、ある日突然それでも埋めることのできない「間」が現れたとき、私たちの心は戸惑ってしまうことでしょう。どう対処してよいのかわからず、耐えられなくなってしまうでしょう。現代において、「間」は悪いものであり、とてつもなく怖いものとなっているようです。

「間」を埋める、「間」から生まれる

そこで、私のことを振り返ってみると、私は「間」を比較的うまく使ってきたように思います。歌が生まれるのは、たいてい旅の途中だったりします。夜行列車に乗って、朝、目的の駅に着くまでの間や、何もすることがない電車の移動中。飛行機の出航が遅れて、飛行場でひたすら待たされているとき。あるいは、台風で飛行機が欠航となり、もう一日、ホテルに泊まらなければならなくなったとき。そうしたときに、歌が多く生まれてきました。

私に限らず、芸術にしろ、あるいは何らかの発明にしろ、クリエイティブなものが、こうした「間」から生まれてきたという例はたくさんあるように思います。

英語に「kill time(キル・タイム)」という表現があります。「暇をつぶす」という意味ですが、そこには、本来、価値を生むはずの「時間(タイム)」を無駄に「殺す(キル)」という意味が含まれています。つまり、「time is money(タイム・イズ・マネー)」という慣用句があるように、時間は生産的な価値を生むものとして使うべきという考え方がうかがえます。しかし、私はけっして歌で時間の穴埋めをしているだけではなく、嬉しいことに歌づくりで自分が最も自分らしくなれるのです。

そういうふうに「間」からクリエイティブな体験が生まれる場合、何か目的をもって、その「間」を過ごしているわけではありません。私は目的もなく、「間」から生まれてきたものが、実は大きな価値をもっているかもしれないと思っています。もちろん良い歌が売れるわけでもなく、今の私は売れる歌をつくるために歌づくりをしているわけでもないのです。しかも、作品の価値がわかるのにも、すごく時間がかかるかもしれない。

不遜な比較ですが、ゴッホなどのように、生きている間に自分の作品が評価されることなく、死後、高い評価を受けることになった芸術家はたくさんいます。むしろ、多くのクリエイターが生前に高い評価を受けるようになったのは、現代になってからともいえます。

でも、「間」をあってはいけないものとして、次々と埋めていくような現代社会の中では、「間」から自分らしくてクリエイティブなものが生み出されたり、それが評価されるまでの長い「間」に耐えるという機会も、どんどん失われていっています。

私が行っている精神分析的臨床の場でも、「間」に苦しんでいる患者さんは少なくありません。「間」が生じて、ふと自分のことを見つめ直す瞬間が訪れ、そこに悩みが生じる。暇になると、過去の苦しい経験が次々と心に浮かび、自分が価値のない人間に思えてしまう。自分の人生が、とてつもなくむなしいと感じられてしまい、そこに吸い込まれる漠然とした不安や異常な考えで心を病んでしまう。だから、「間」が生じるのをとても恐れている。

「間」は、クリエイティブなものなどを生み出す可能性を秘めている一方、容易に「魔《ま》」にも転換してしまう危険性があります。ふとしたきっかけで悪事に手を染めてしまうことを「魔が差す」といいます。その「魔」です。

こうした患者さんに限らず、「間(魔)」を恐れ、それを埋めるために過度にアルコールを摂取したり、危険なドラッグに手を出してしまったり、という例も少なくありません。「間」を消そうとするために、逆に、自分の人生そのものをつぶしてしまっているともいえます。つまり、「間」は扱い方によっては深刻な問題を引き起こす可能性があり、だからこそ、「間」というものを知り、それにどう向き合うかは、人が生きていくうえで、とても大切なことなのです。特に、あらかじめ「間」を存在してはいけないものとして、「間」に向き合う機会を失っている現代においては、これについて語り考えることは重要でしょう。

突然、訪れた「間」にどう対処してよいかわからず、大きな「むなしさ」が訪れ、立ち直れなくなってしまう。そうならないためには、どうすればよいのか。私が、本書を書こうと思った要因は、そんなところにもあります。

華やかな表舞台と裏舞台との落差

この「間」や「むなしさ」を考えるうえで、私がかつて芸能活動に身を置いていたという経験も、役に立つように思います。私が医学生だったとき、まさに神様のいたずらともいえるような形で、芸能界にデビューしました。

観客、聴衆から大変な熱狂を受ける華やかな表舞台。しかし、ひとたび、表舞台を降りれば、先ほどまでの熱狂はなく、ごく普通の日常が広がる。そこに大きな「むなしさ」が訪れます。あの熱狂は何だったのだろう、どこへ行ってしまったのだろう。表舞台の自分と舞台を降りた後の自分とどっちが本当の自分なのだろうか。そして、熱狂を受けていない、日常の自分に価値があるのだろうか。

表舞台と舞台を降りた後、すなわち裏舞台との大きな落差から生じる「むなしさ」に、バンドの仲間たちも苛《さいな》まれ、私とともに苦しんだという経験があります。

表と裏、その両方を眺める見方をすれば、ごくつまらない、もしくは悲惨な日常を過ごしていても、舞台の上では明るく、華やかにふるまい、観客や聴衆を喜ばせて、輝いていることが求められます。よく、芸能という仕事は、親の死に目にも会えないなどといわれますが、日常という裏舞台と、輝かなければならない表舞台との落差・ギャップがとても激しいのです。

そして、このギャップに耐えられずに、舞台上の役割や、舞台を降りた後の日常にとてつもない「むなしさ」を感じてしまうケースも少なくありません。ミュージシャンなど芸能人が違法な薬物に手を出したり、自死してしまったという報道が繰り返されますが、そこには、こうした大きなギャップが関係しているように私には感じられます。

こうしたギャップは、よくピエロの存在にたとえられます。白塗りに笑顔のメイクをしたピエロは、サーカスという華やかな舞台でおどけて、ひたすら観客を笑わせる役割を担っています。ピエロを演じている人間のつらい体験、苦しい思いは、笑顔のメイクとおどけによって覆い隠されています。

ジョーカーが象徴するもの

アメリカン・コミック「バットマン」の悪役の一人にジョーカーがいます。映画『ジョーカー』(トッド・フィリップス監督、二〇一九年。図序-1)は、こうしたギャップを見事に作品に取り込み、ジョーカーという存在を際立たせています。悲惨な家庭環境で育った主人公アーサーはピエロを職業としており、自分の意思に反して発作的に笑いが生じ、止まらなくなる病気を抱えています。そんなアーサーが、ふとしたことがきっかけで、ピエロ姿の殺人鬼ジョーカーへと変わっていく。

悲惨な境涯を抱えながらも、アーサーはピエロとして常におどけて、人を喜ばせようとしま

図序-1 映画『ジョーカー』(2019年)

す。そしてピエロの姿のまま、人を殺し、社会を恐怖に陥れていくジョーカーという存在へと変身していきます。映画の冒頭、ホアキン・フェニックス演じるアーサーが、鏡の前でピエロのメイクを施しながら、その頬に涙が伝う場面は、ジョーカーという存在の矛盾を象徴的に描いているように感じられます。

私には、コメディアンの友人も何人かいます。彼らの中には、本当に悲惨な、つらい幼少期を送った人が少なくありません。そして、それを乗り越えるために、芸としての笑いを追求してきたという友人もいます。もしくは、そういう切実な笑いでしか、その悲惨な体験を乗り越えることができなかったのかもしれません。

芸能人ではなくても、多くの人が、こうした落差を体験していることでしょう。たとえば、友だちとわいわい騒いだ後、一人になったときに訪れる孤独感や、祭りが終わった後の寂しさのようなものは、誰でも、人生の中で何度となく経験します。芸能人の場合は、その落差が何度も繰り返され、しかも大きいところが、一般の人との違いだといえるのでしょう。

したがって、そうした経験をつづった、タレントやミュージシャンなどの伝記、小説、映画などの作品は尽きることがなく、私たちはそれらに深く共感して、激しく心を動かされるのでしょう。

「むなしさ」を理解してもらうことの難しさ

表舞台で人を喜ばせ、熱狂させる一方、その裏には「むなしさ」があります。常に華やかな表舞台に立ち続け、人に感動を与えていて、平凡な日常のない人生というのは、考えられません。常に表には裏があって、そこに「むなしさ」を伴うギャップがあるわけです。

私が敬愛していた永六輔さんが亡くなった後、こんな歌詞が見つかりました（その後、加藤登紀子さんが曲を付けて、「ともだち あなた 戦う心」という唄になっています。拙著『コブのない駱駝』（岩波現代文庫、二〇二一年）にも掲載）。

淋しさには耐えられる
悲しみにも耐えてみよう
苦しさにも耐えてみて

耐えて耐えて
耐えられないのは虚しさ
虚しさ　空しさ
虚しさが　耐えられるのは
ともだち　あなた　戦う心

あんなに多彩な活躍を見せていた永さんが、「耐えられないのは虚しさ」であり「空しさ」だとする歌詞を書き残していました。「むなしさ」が一番、つらい情緒だとうたっています。そのことに、楽しげな表舞台の永さんを記憶している方は、驚かされると思います。

でも、永さんはその耐えられない情緒を詩(唄)にしました。歌詞にすることで、表現活動として昇華させ、乗り越えようとしたのでしょう。日々、表舞台と裏舞台の落差を感じているからこそ、それをどう乗り越えるかという術《すべ》も身につけていたのです。いや、それは私と同じで、「間」ができたので、そこを埋めるべくしてただ歌が生まれたということなのかもしれません。

しかし、そうはいっても「むなしさ」を表現活動として昇華させるのは、そう簡単なことではありません。たとえば、むなしいという感情をただ言葉にしたとしても、そのことを私自身が嬉しく感じられないことが多いのです。もちろん、むなしいという感情をうたった歌はたくさんありますが。

確かに、その気持ちだけが歌となっているものは、ほとんどありません。歌詞が三番あるとして、そのうちの二番が「むなしさ」についてうたっている、という具合です。「むなしい、むなしい」と言ったところで、その感覚が人に大きな共感を呼び起こすということは、考えにくいのです。でもそれが、言葉で言えて、誰かに伝わったと思うだけでも、感動することがあります。

私も歌やエッセイなどで「むなしさ」に触れてきました。実は、マスコミ関係者には「そうですね、人生はむなしいですよね」という共感を寄せてくる方が、意外と多いのです。そして「あなたは、充実した人生を送っているように見えたけれど、それでもむなしいのですか」と驚かれることもありますが、そう言う方々からもまた「実は私もむなしかったのですが」と言われます。

しかし、永さんの先の詩を見た私の知人に「なんでそんなことをわざわざ詩にするのだろうか」と感想を述べていた歌手がいました。理由は「なんだか、めめしいな」というわけです。

「虚実の皮膜」とむなしさ

なぜ、こんな芸能人の話をするかというと、近松門左衛門の芸論における「虚実の皮膜」というとらえ方が、この「むなしさ」を語る際に、ちょうどいい態度なのではないか、と感じるからです。近松は芸というものについて、虚でもあり、実でもあると述べています。まったくの虚でもないし、まったくの実でもない。虚と実が入り混じっている、その割り切れない境界や二面性の微妙なところに芸の真実があるといっているのです。

本書の中で、私はそういうバランスのとれた「むなしさ」についても語ります。またその前に「むなしさ」とは何か、なぜ生じるのか、どう付き合うのがいいのか、などを考えていきます。それによって「むなしさ」というものの詳細が確実にわかるわけではありませんが、そこにそれなりの価値が見つかりそうな予感があります。

私がいくらページを割いて「むなしさ」について、本書の中で語ったとしても、そこには限界があります。本書を読んでも、「むなしさ」について完全に理解できることはありませんが、もし理解できたとしても、やはりそこはかとない「むなしさ」に襲われることでしょう。というのは、「むなしさ」という感覚は、やはりそれがどこにどうあるのかを問わないで一人ひとりの心の中で味わうものだからです。

したがって、病気を治すように、原因を見つけて「むなしさ」を根治することはできません。というより、すべきでもないでしょう。本書で述べるように、「むなしさ」という感覚は、とても大切なものであり、ある程度はかみしめられるべき情緒だと私は考えています。

このような味わえる「むなしさ」の意味について、本書で語ることそのものを、読者の皆さんには「むなしさの味わい方」として読んでもらうのがよいと思います。そして一人ひとりが、自分なりの「むなしさ」に対する付き合い方を見つけてもらえれば幸いです。

人生の劇場化

先ほど、芸能人などが経験する落差について触れました。本書の中でも、私自身の芸能活動での経験などを交えながら語っていきます。

そのことが有効で必要であると思うのは、現代社会では、多くの人の人生が劇場化しているからです。劇場型犯罪、劇場型政治といった表現が少し前からいわれてきました。つまりメディアなどの観客、聴衆を意識したパフォーマンスが盛り込まれた犯罪や政治の手法のことです。ところが、いまは、犯罪や政治だけではなく、一人ひとりの人生そのものが劇場化しているのです。

たとえば、人びとがＳＮＳなどに、自分の写真や映像、文章などを頻繁にアップするというのは、めずらしくありません。多くの人が不特定多数を意識しながら日常生活を送り、不特定多数に向けて、頻繁に発信を行っています。

あるいは都会などでは、きらびやかな商品が店先を飾り、華やかな看板などが空間を埋め尽くしています。そこでは、街自体が表舞台と化しているのです。そして、その表舞台にふさわしい役割を人びとは演じています。多くが、ショーウィンドウに映る自分の姿を常に気にしています。

かつては、人前に立ったり、不特定多数の視線を気にしたりする機会は限られていました。地元の盆踊りなどのように、年に一回の特別な場で着飾り、演じ、祭りが終われば、平凡な日常が続くのが当たり前でした。

したがって、現代に生きる私たちは、自分が頻繁に表舞台に立っているような感覚、つまり人生が劇場化しているという感覚を容易に理解できると思います。現代では、誰もが素である自分と、表舞台に立つ自分を切り分け、そのスイッチを頻繁に入れ替えているのです。したがって、芸能人などが経験する落差などを素材に語ることは、人生を演劇の比喩で眺めてみることになり、一般読者の方々にとっても有効だと考えます。

劇的観点でみることの意義

しかし、人生を劇のようにとらえるというと、若い人から反発を受けることがあります。「人生は真実ではなく、虚構のお芝居なんですか」と。人生がとても空虚で、意味がないもののように感じられてしまうというのです。でも、日本人は人生を劇のようにとらえる方法を昔から共有していたと私は考えます。

劇作家・評論家の山崎正和先生は著書『劇的なる日本人』(新潮社、一九七一年)の中で、舞台の上の経験と浮世という感覚を重ねて論じています。「浮世」というのは、仏教用語の「憂き世」、すなわち憂うべきつらい現実世界という意味と、浮いたり沈んだり、はかない現実世界という意味の両方があります。山崎先生の主張は、現実ははかないものとして、舞台の上で演じるような感覚を私たちが歴史的にもっていたというものです。

もっとも、西洋人であっても、シェイクスピアやダンテを引用するまでもなく、人生を劇としてとらえる視点はあります。ミロス・フォアマン監督によって一九八四年に映画化もされた戯曲『アマデウス』(一九七九年/江守徹訳、劇書房、一九八四年)などで知られる劇作家のピーター・シェーファーはインタビューなどの際、こんな主旨のことを述べています。すなわち、イギリスと日本はともに長い歴史をもち、過去の歴史や自分たちが生きている時代を俯瞰して、劇のようにとらえることになじみがある、と。

ただし、西洋人が人生を劇としてとらえる場合、意識されているのは神の存在でしょう。そもそも演劇は古代の宗教的な祭祀から発展したものともいわれています。古代ギリシャの神殿などを思い浮かべればわかりますが、神を奉る祭祀の一環として、神に捧げられるためにギリシャ悲劇などが演じられました。キリスト教などの絶対神の宗教が強く根づいている欧米の国々などでは、「神の前の演劇」というとらえ方をします。

神を意識して人生を演じ、その行いが神に認められれば、天国に行くことができるという発想です。たとえば、『アマデウス』の中で、モーツァルトのライバルであるアントニオ・サリエリが「〔なぜ、私ではなく〕そのモーツァルトをあなたはあなたの唯一の代理人として選んだのだ!」と毒づく場面があります。誰に毒づいているかといえば、神に向かって嘆いているのです。

一方、日本人の場合、神を意識して演じているのではなく、意識されているのは、自分の周囲の人たちや不特定多数の人たちです。つまり神という絶対的な価値をもった存在ではなく、その時々で価値が揺れ動き、どこに指針があるのかもわからない「みんな」や「世間」という存在です。同じ劇的観点を共有していたとしても、西洋と日本ではこの点において異なっています。

本書の中でも、こうした日本的な劇的観点を応用しながら考察していきます。

はかなさを愛する美意識

絶対的な神という視点を私たちがもっていないということは、一方で、私たち日本人の現実に対する認識にも関係してきます。先述のように私たちには、いま生きている現実を、はかない浮世ととらえる認識が歴史的にあると述べました。無常観という言い方もされます。常にとどまり続けるものはなく、あらゆるものは流れ、変化していく。そのはかなく消えていくことを愛する美意識が、私たちにはあります。消えていく、はかないことを知っているからこそ、それを美しく、いとおしいと感じることができる感性です。

実際、日本の芸術や文化には、無常、はかなさ、そして「むなしさ」を積極的に扱ったものがたくさんみられます。したがって、そうした大事な美意識に気づくことが、「むなしさ」と付き合うヒントにもなると考えます。

本書では、そうした文化的な視点からも「むなしさ」の出口をどう見つけるかを考えていきます。

かけがえのない「私」

ここで本書の結論めいたことを先回りして述べておくと、人生において「むなしさ」を感じることは、とても大切なことです。それをかみしめ、味わうことで、人生により深みが出てくることもあると私は考えています。でも、ここまで述べてきたように、「間」をなくすことに汲々としていて、「むなしさ」に慣れていない現代社会では、突然、襲ってくる「むなしさ」に圧倒されがちです。本書では、こうした思い通りにならない「むなしさ」について、精神分析学を活かした深層心理学で考察していきます。

「むなしさ」に呑《の》み込まれ、自分を見失ってしまうと、そこから抜け出すのは容易ではありません。「むなしさ」は、そんな危険性も伴っています。自分には価値がないとか、意味もなく生きがいもないといった「ないないづくし」の深い空虚に襲われることがあるかもしれません。その真空に吸い込まれそうになり、地獄のような「むなしさ」から抜け出す術がないと、「私」を消してしまおうという衝動に突き落とされてしまいます。それはもううつ病のサインであり、精神科の受診をお勧めします。

個人個人の「むなしさ」はそれぞれ異なり、それぞれ違った物語があるでしょう。また多くの人が自分の中の「むなしさ」を否定しようとするので、おそらくこのテーマほど一般論を書くのが難しいものはないと思います。

私たちは「むなしさ」に呑み込まれるのではなく、かといって「むなしさ」を消してしまおうとするのでもなく、できればこれを味わいながら観察していくことにしましょう。そんな方法論で、本書を進めていきます。

第1章　「喪失」を喪失した時代に

まず、本章では「むなしさ」という観点から、現代がどういう時代にあるのかをみてみたいと思います。「むなしさ」というのは、自分の欲したものが得られない、あるいは、手に入れたと思ったものが失われてしまったという喪失感と関係しています。現代における喪失感のありようが、私たちの「むなしさ」という感覚に何をもたらしているのか、考察していきます。

悲しくてやりきれない

「むなしさ」といって、私が最初に思い浮かべるのは、かつて所属していたフォーク・クルセダーズの歌「悲しくてやりきれない」(サトウハチロー作詞、加藤和彦作曲)の一節です。

胸にしみる 空のかがやき
今日も遠くながめ 涙をながす
悲しくて 悲しくて
とても やりきれない

このやるせない モヤモヤを
だれかに告げようか

白い雲は 流れ流れて
今日も夢はもつれ わびしくゆれる
悲しくて 悲しくて
とても やりきれない
この限りない むなしさの
救いはないだろうか

深い森の みどりにだかれ
今日も風の唄にしみじみ嘆く
悲しくて 悲しくて
とても やりきれない
このもえたぎる 苦しさは

この歌の二番で「むなしさ」という感覚を歌っています。しかし、サトウハチローさんの詩に「救いはないだろうか」とある通り、歌ってみたところで、その思いはなかなか救われないものなのです。ここが「むなしさ」の難しいところで、メロディを付けて歌いあげても、結局、その思いはどうしようもないのです。

「むなしさ」というものは、救いがないものであり、どうすることもできず、取り返しがつかないものなのです。その「仕方のないこと」もまた、「むなしさ」につながる。空っぽであり、実態として何もないので、それを捕まえてどうにかしようとする試みさえ無駄になってしまいます。だから、「むなしさ」はさらに深まってゆく。

そもそも「むなしい」の語源は、「みなし」ともいわれます。「み」とは身や実、味などのことです。中身がない、果実などの実《じつ》がない、味がない、意味がない、といった状態のことを指します。そこから派生して、価値がない、本質的なものがない、空虚である、つまり一般にいわれる「むなしい」へとつながっていきます。

二つの「むなしさ」

「むなしさ」を理解するために、便宜的に二つの種類に分けて考えてみます。

一つは、何か大切なものや欲しいものを探しているのに中身が見つからない、あるいは、相手に何かを期待していたのに裏切られた、もしくは、愛していた相手が亡くなってしまったといった、自分という存在の外側に空虚なものができてしまう場合です。外に何かを求めていたのに、何か意味のあるものが得られなかった。そんなときに感じる外的な「むなしさ」です。コンサートやゲームで、楽しいことが終わってしまった「祭りの後」にも、これを感じやすい方がおられるでしょう。

もう一つは、自分自身に価値や中身がないのではないかと感じたり、自分が生きている意味がないと感じてしまったりする場合などに訪れる内的な「むなしさ」です。このような場合には、自分の内側に空虚なものが生じています。自分の心の中にぽっかりと穴があいてしまい、どうしてよいのかわからないというときの「むなしさ」です。

ただし、この二つは完全に分けられるものでもなく、多くの場合、連動して起こります。たとえば、大事な相手が亡くなってしまったという場合、もし相手と相思相愛の関係にあって一体感が強かったり、あるいは、相手に対する依存が強かったりすれば、相手の死は自分自身の喪失にもつながってしまいます。自分の生きている意味もわからなくなり、希望も見い出せず、心の中にぽっかりと穴があいてしまい、どうしてよいのかわからなくなってしまいます。

この分類の仕方は、フロイトの精神分析の知見を応用しています。フロイトも喪失という経験を、同じように二つに分類して考えました。前者の喪失、すなわち自分の外側にある物や人を失った場合、あるいは、探しているものが見つからない場合などを、フロイトは「対象喪失」として論じました。

この喪失した対象が、いま述べたように、たとえば自分と愛し合っていた人など、自分と一心同体的な存在だとすると、自分自身が深く傷つき、自己を喪失することになってしまう場合があります。フロイトは、単なる「対象喪失」よりも、それが後者の「自己の喪失」へと連動するほうがより深刻であるとしています。

つまり、依存心や依頼心が強く働いている関係における対象喪失が、この身に深刻な事態を招くことになります。したがって、自分というものがなく、周囲に影響されたり、左右されやすく、外側の世界に強く依存していると、それが失われたとき、深刻な「むなしさ」や空虚に陥ることになってしまいます。つまり、外も内も空っぽになるわけです。

鴨居玲が描く「むなしさ」

鴨居玲《かもいれい》という画家がいます。自己の内面に眼を向け、自身の心の叫びや苦悩を表現する作品を多く描きました。おそらく自死によって五七年の生涯を閉じたとされています。

私は、彼ほど「むなしさ」を自画像として描き出した作家はいないと考えています。彼の作品を観ると、相手に対する「むなしさ」と、自分に対する「むなしさ」が連動していることが、視覚的にとても理解できるように感じます。

一九八五年の作品「肖像」(**図1-1**)では、周囲に見えている表面的な自分の顔を外すと中身

図 1-1　鴨居玲「肖像」(1985年)

図 1-2　鴨居玲「しゃべる」(1980年)

がない、つまり表に対応する裏がない、という形で「むなしさ」を表現しています。

そして、もう一つの一九八〇年の作品「しゃべる」(図1-2)では、「言葉のむなしさ」を描いたとされています。作者自身と思われる男の口から蛾が飛び出してきています。しゃべれば、しゃべるほど、言葉は醜い蛾となって飛び散ってしまう。彼自身もこの作品について、言葉の「むなしさ」を表現したと語っています。

言葉を話すということは、人が生きて他者と関係を築き、社会の中に自分を位置付けてその居場所を獲得していくうえで、とても大切なことです。すなわち、言葉は自分の肉体や人生そのものと連動しているといってもいい過言ではありません。

ところが、鴨居玲は、その舞い散る言葉が自分の肉体から切り離されてしまい、自分自身の思いが相手にはまったく伝わらないものとして描いています。おそらく自分も空っぽで、人間関係を築くはずの言葉にも意味がなく、それに伴い自身と外部との関係性が絶たれ、そしていっそう、自分自身が中身のない空っぽのものだと感じられる。表現そのものさえも、むなしい。彼の作品およびその生き様は、彼自身のそんな深刻な思いを私たちに語りかけてくるように思えます。

鴨居玲の二つの作品を観たとき、外に対する言葉の「むなしさ」が、自分自身の中身が失われたと感じられる「むなしさ」と連動していることが視覚的にもうかがえるでしょう。

「おもしろい」と「むなしさ」

相手と関係性を築いていくはずの言葉がむなしい。いくら話しても、相手に伝わらない。私も表現者の一人として、そのことを若いころに経験していました。

民俗学者の柳田国男の説によれば、「おもしろい(面白い)」という言葉の語源には、聴衆の「面が白くなる」という意味があるといいます。「面」というのは顔のことです。その昔、語り部が囲炉裏《いろり》を囲んで話をしていたところ、おもしろい話に聞き手が顔を上げて、その顔が囲炉裏の光に照り返されて白く輝いて見えたというのです。

私自身も音楽活動やその他で、人前で表現活動をする機会がたくさんありました。私の興味深いパフォーマンスに対して観客が喜んでくれたとき、確かに観客の顔がパッと明るくなったと感じられる瞬間があります。そのことに手応えが感じられ、私のパフォーマンスそのものにも良い影響を与えてくれます。まさに相手が輝いて「面が白くなる」のを実感するところです。

しかし、これとは逆に、相手に自分の意図が伝わらず、相手の反応が得られないというのは、やはり言葉をしゃべることに甲斐がなく、とてつもなくむなしい経験です。話しても、伝えようとしても、相手の反応がなく、それによって相手との関係が冷え込んでいってしまうことで、自分には価値がないのだろうかと、自分自身さえもむなしくなってしまいます。

そもそも自分の意思が必ず相手に伝わるということはなく、手応えのないことがたくさんあります。あるいは、相手が自分の言葉を聞いていないこともあります。しかし、そうしたズレは、他者と付き合うなかで避けることはできません。したがって、誰もが相手との関係性に敏感であれば、必ず「むなしさ」を感じますし、多かれ少なかれ、自分自身についても「むなしさ」を覚える経験からは逃れられないのです。

「相手の反応」に敏感すぎる時代

ところが、いまSNSの時代となり、そうした「むなしさ」をできるだけ回避しようとする行動が、あちこちで起きているように感じられます。

たとえば、ツイッター、あるいはいまの「X」で何かを発信する。そうすると「いいね」という形で、視覚的に反応が見られる。「いいね」の反応が多いととても嬉しいし、逆に反応が少ないと、ひどく落ち込んだり、焦ったりする。そして、どうすれば「いいね」が増えるか、いろんな発信を試すようになる。相手が驚いたり、喜んだりするような発信をすれば、「いいね」が増える。ものすごく多くの反響を得られた場合、「バズる」などといいますが、多くの人がSNS上で「バズる」ためのゲームを繰り広げている感さえあります。発信する側にとって、この反応が一種の生き甲斐のようなものにさえなってしまっているのです。そして、相手の期待に応え、反応が増えるほど、自分も充実したような気になれます。

逆に、私たちは、相手からの答えや応えのズレにはますます神経質になっている。私たちはメールの返事が来ないだけでも、相手から嫌われてしまっているのではないか、と不安になります。SNS時代になり、私たちは、他者の反応、つまり応えを敏感に意識する、あるいは、意識しすぎる社会を生きているのです。

意味のない言葉の氾濫

ここでいう「相手の反応」というのは、生き生きした「面が白くなる」という現象とは質が違っています。SNSでの反応というのは、目の前に他者がいて、生身の他者の反応を直に感じるのではなく、「いいね」の数という、視覚的な記号や数字として認識しているのです。メールの返事なども、顔文字などが多用されていたりもしますが、基本的には記号であり、相手の表情はうかがえません。

実際のところ、「相手の反応」に敏感すぎる時代でありながら、若い人たちなどのリアルな場でのコミュニケーションを見ていると、一部のマスコミ関係者と同じだなと思うのです。つまり、自分からはたくさん言葉を発しながらも、相手の話はまったく聞いていないという場面がよくあります。また、一緒の場にいながらも、相互のコミュニケーションに取り組むことをほとんどせず、それぞれがスマホに向き合っている場面も多いです。

すなわち、「相手の反応」に敏感すぎる時代を生きていながら、発信する言葉や情報が相手に届いて理解されているという点に重きが置かれているわけではありません。むしろ、かつてとは比べものにならないほど膨大な言葉のやりとりがなされていながら、鴨居玲の作品に描かれているように、蛾のように飛び散っていく、むなしい言葉ばかりが氾濫しているように感じられます。

自分の内面と裏付けられた言葉を相手に伝えるというのではなく、相手の反応を引き出すための絵文字のような刺激的な言葉ばかりが拡散されている。意味を伴っているはずの「表意文字」としての言葉が、いつの間にか、意味をもたない、ただの記号としての「表音文字」になってしまっている。そして多くの言葉が読まれないまま、無意味化して氾濫しているのです。

フェイクニュースなどが氾濫するのも、共通した現象です。意味として事実を伴わない、裏付けのない情報が氾濫しているのです。

鴨居玲の作品に学べば、この目の前の状況こそ、本来的にはむなしいと気づくはずです。でも、相手の反応を際限なく引き出すことで、表面的に「むなしさ」が感じられないようにふるまっている。しかし、それもわざとらしく感じられると、ますます意味がなくなる。それが、「むなしさ」をめぐる現代社会の状況ではないでしょうか。

ないものがない時代の中で

私たちは本来、常に「間《ま》」に囲まれています。「間」というのは、暇な時間などのように時間的に経験される場合と、相手との関係性や距離感などのように空間的に経験される場合があります。「間があく」とか「間に合う」といった場合は主に時間的な経験を指し、「間が悪い」「間合いをとる」といった場合は主に距離的な経験を指しています。

意味のない言葉や情報を氾濫させることは、時間的な「間」を必死に埋め、また相手の反応を引き出すことで、相手との間にある空間的な「間」をも必死に埋めようとする行為です。つまり、私たちは「間」が生じることを許さず、「間」があってはならないと考える社会に生きているといえます。

しかも、現代の文化において「間」を埋めるために氾濫しているのは、意味のない言葉や情報、すなわち記号だけではありません。

矛盾した言い方になりますが、いま私たちの生きている社会では、自分たちの外側に「ない」ものを探すことが難しくなっています。

たとえば、インターネット・ショップで探せば、どんな商品だってある。一人ひとりの細分化された好みに合わせた無数の商品が、そこには用意されています。自分が本当に欲しいと思っているかどうかわからなくても、自分の好みを先取りして商品を紹介してくれるシステムも備えられています。

つまり、記号の氾濫だけでなく、実際の物もあふれており、私たちの外側にあるはずの「間」を無数の物が埋める役割を果たしているのです。

「間」というものを事前に回避して、感じさせない社会であり、喪失を感じさせない社会となっているわけです。まさに「喪失」を喪失した時代に、私たちは生きているのです。

そんな社会の中で、表面的には「むなしさ」を感じさせないようなシステムが、あちこちにはりめぐらされているように思えます。

「ご期待応答力」が評価される

ＳＮＳなどの広がりによって、「相手の反応」に敏感になり、それが得られることに生き甲斐を感じる時代を、私たちは生きていると述べました。相手の期待に応えれば、記号としての反応が増える。そのためにどうすればよいかと神経を使って消耗しています。あるいは、インターネットなどのように、自分の好みに合った商品や情報をどんどん紹介してくれるシステムがはりめぐらされています。

つまり、相手の期待に応えることが、個人の発信においても、またテクノロジーやシステムにおいても重視されているわけです。これを「ご期待応答力」と呼んでみましょう。

日米の野球で活躍し、現在、メジャー・リーガーである大谷翔平選手がとても注目され、ヒーローやアイドルとしても大人気を獲得しています。テレビのスポーツ・ニュースを観れば、彼の活躍があますところなく紹介され、まさに時代の寵児といった感があります。

大谷選手が人気なのは、メジャー・リーグでもトップ選手として活躍し、「二刀流」といわれるようにピッチャーとしてもバッターとしても優れた才能を発揮させているからです。当然のことながら、その人気の要因は同時に、彼が「ご期待応答力」を発揮している点も大きいのではないか、と私は感じます。

野球のスター選手は、ファンが打ってほしいと期待しているときに、かなりの確率でヒットやホームランを打ってくれます。ところが彼自身の、メディアやファンとの受け答えをみると、拒否的ではないけれどどこかマイペースなのです。マイペースでありながら、期待に応えるという、理想のスポーツ選手像を見事に体現しています。

かつて、私はビートルズのことを「オートマータ(自動人形)」にたとえたことがあります。彼らは、アイドルであっても、外部の誰かに操られた「操り人形」とは違うのです。自分の意思で動きながら期待に応えているのです。

また、アイドルの選手がこれを自覚的にやっているというわけではないと思います。でも、メディアが期待に応えるところばかりを切り取るので、その結果として社会的規模の相乗効果で「オートマータ」のような「ご期待応答」が生まれてしまう。ここぞというときに応答できる力を重視する世間が、自分たちの願望を彼の姿に投影させているともいえるでしょう。しかし、彼らも人間であり、「ご期待応答力」を高く評価される社会の中で、逆に裏ではケガとの闘いとなっているように思えます。

「ご期待応答」の先に

ここで不遜に聞こえるかもしれませんが、私たちのことを振り返ってみると、メディアの中のバンド活動も、意思を表明しながら「オートマータ」であろうとしたのだと思いますし、一瞬は「ご期待応答力」を発揮したように感じます。そして、周りが同時にそういう部分を切り取ってくれるので、そこが注目されてしまうのです。

私は京都の医科大学の学生だったとき、フォーク・クルセダーズを結成し、暇な時間にはライブ活動などを行って、関西では少しは知られたバンドになっていました。大学卒業が近づき、メンバーがそれぞれの進路を歩むことになったとき、私たちはバンド解散の記念にレコードを作成しました。そのレコードの中にあった一曲が「帰って来たヨッパライ」です。自分たちもいろんなアイデアを持ち寄り、遊びでつくった作品でしたが、ラジオで放送されたことがきっかけで大ヒットし、一九六七年一二月、私たちはメジャー・デビューすることになりました。

そして、あの歌の魅力は無意味なところであって、実際にナンセンス・ソングといわれたのです。そういう「帰って来たヨッパライ」のイメージもあり、私たちは〝愉快な〟〝異色な〟ミュージシャン像を周囲から求められ、私たちも手品あり、寸劇ありのライブ・パフォーマンスを繰り広げ、観客を大いに喜ばせました。また、レコード会社からは「帰って来たヨッパライ」の次なるヒットを求められ、それに応えようと、試行錯誤を繰り返しました。

デビューした瞬間に、私たちは周囲の期待に応えようとする力を発揮していかざるを得ませんでした。期待に応えることで、プロの表舞台ではたくさんの熱狂を受けますが、ひとたび、舞台を降りると静かな「日常」が広がります。これが本当に自分のやりたかったことなのか。自分の望んでいた生き方だったのか。舞台と日常の間で、そんな悩みも湧《わ》き出てきます。相手が期待している「自分」は、本当の「自分」とは違うのではないか。得られている喝采は分相応ではないのではないか、と。

表舞台と裏舞台との「間」における落差。期待される「自分」と、自分がこうありたいと思う「自分」、本当の「自分」との落差。こうした苦しみが積み重なっていくことに、私は大きな「むなしさ」を覚えました。ああだこうだと言われるなかで、簡単にわかられてたまるかという思いが生まれて、「ご期待」に息苦しさを感じ、これ以上、耐えられないと思ったとき、私は芸能活動からの撤退を決めました。フォーク・クルセダーズのメジャーとしての活動は、当初から予定していたことでもありましたが、一年足らずで終えることになりました。

ちなみに、この章の冒頭で紹介した「悲しくてやりきれない」は、第二弾シングルとして予定されていた「イムジン河」が突然発売中止となったことで、急きょ代わりの曲としてつくられたものです。「悲しくて悲しくてとてもやりきれない」「この限りないむなしさの救いはないだろうか」という歌詞は、当時の私たちの率直な気持ちを見事に表しています。そして、この「むなしさ」はもちろんメディアでは伝えられないからこそ、さらに「むなしさ」が増すという悪循環に巻き込まれていきました(このあたりの詳細は拙著『コブのない駱駝』に書いています)。

「むなしさ」に耐えられないとき

社会は、表舞台で明るく愉快にふるまっている部分だけに注目し、そのわかりやすさをすべてだと思いがちです。明るくふるまっているアーティストが、舞台を降りたあと、ときにはつまらなそうに平凡な生活を送っている姿を思い浮かべません。夜、不愉快そうにもの思いにふけっているという姿を想像もしません。そうした「裏」がみせられた途端、期待が裏切られたことになり、たちまちそのアーティストの評価が下がることになります。

マイペースの「ご期待応答力」が高く評価される時代においては、自分たちの見たい「表」しか見ないという現象がさらに強まります。

観客の期待に応える形で生まれた自分の表現に、さらに観客が見事に応答してくれ、自分と観客が一体化する。そこに相互に反響し合うという交流が生まれたりもする。そのことは、表現者にとって大きな快感をもたらします。「面が白くなる」現象が増幅するわけです。

でも、期待に応えることが目的となり、それが自分のやりたいことと乖離していくと、そこに大きな苦痛が生まれます。そして、自分のやりたいことを犠牲にして、観客の期待に応えようとしても、そこに大きな手応えを得られなかったとき、大きな「むなしさ」が訪れます。また、勝手にやりたいことがやれたとしても、周囲の誰かが無視することが起き、そのことがもちろんむなしいと感じられることがある。

アーティストがその観客、すなわち自分の外側の反応に大きく依存し、一体感を覚えていた場合、その喪失は、自分自身をも失うという深刻な「むなしさ」へと連動していきます。

古くから実在のミュージシャンを伝記的に描いた映画作品がたくさんあります。最近でも、クイーンのボーカルだったフレディ・マーキュリーを描いた『ボヘミアン・ラプソディ』(ブライアン・シンガー監督、二〇一八年)、エルトン・ジョンを描いた『ロケットマン』(デクスター・フレッチャー監督、二〇一九年)、ホイットニー・ヒューストンを描いた『ホイットニー・ヒューストン I WANNA DANCE WITH SOMEBODY』(ケイシー・レモンズ監督、二〇二二年)などがあります。

こうした映画では、主人公のミュージシャンが、ファンの期待に応えようとしながら、こうありたいという自己像との間で葛藤し、ドラッグやアルコール、セックスなどに溺《おぼ》れ自滅していく姿が必ずといってよいほど描かれています。

また、ドラッグなどではなくても、自分の心に生じた「間」を受け止めきれずに、何かで必死に埋めようとしながらも、うまくいかずに立ち直れなくなってしまう場合も少なくありません。ともにフォーク・クルセダーズを結成したメンバーの一人は、二〇〇九年に自ら命を絶ってしまいました。彼のことを考えると、いまも私は心が傷みます。彼は常に新しい音楽作品をつくり続けることを目指しました。それによって、観客や社会から大きな反響を受け、大きな手応えも感じてきたでしょう。

でも、常にクリエイティビティが発揮できるとは限りません。まして歳をとれば、若いころのようにいかないことも増えます。しかし、彼はそれを認めることができなかったのではないかと思います。次々と生じる観客や社会といった自分の外側との「間」、そして自分の心の中の「間」を、クリエイティビティで埋めようとし続けたのでしょう。それでもうまくいかなくなったとき、彼は深刻な空虚に襲われてしまったのではないか、と私には感じられてなりません。それは、「むなしさ」として味わえないほどの意味のなさであり、深刻で空虚な穴ぼこでした。

こうした経験は、単にミュージシャンなどだけに当てはまるものではなく、「ご期待応答力」

が高く評価され、「相手の反応」に敏感すぎる時代を生きる現代人にも多くの学びを与えてくれるのではないでしょうか。

敏感ではなくなる「鈍感力」というものが最近よく話題になりますが、私の提案は、そういう事態をよく考えていくことで「慣れる」ということです。単に感覚が鈍ぶるということではありません。そうしたことも本書で述べてゆきます。

期待に応えるよりも「マイペース」を選ぶ決断

アーティストを例に挙げて考察を進めてきましたが、そのことに関係することで、考えさせる出来事があったので紹介しておきます。

二〇二二年六月、韓国出身のアイドルグループBTSがグループとしての活動を休止することを発表しました。メッセージを伝える動画の中で彼らはこう述べています。

「問題はとにかくK-POPというもの、アイドルというシステム自体が人を熟成させていないように思える。ずっと何かを撮らないといけないし、朝にヘアメイクをして、ずっと何かをしなければいけなくて、成長する時間がありません」(リーダー・RMの発言。『朝日新聞』二〇二二年六月一五日付夕刊)

アメリカをはじめ、世界的な大人気を獲得した彼らは個人としてもグループとしても「ご期待応答力」が相当に優れていたのだと思います。だからこそ、彼らが感じていたかもしれない「むなしさ」は、ファンには見えていなかったのでしょうか。もちろん彼らの活動休止の背景には、語ることのできない、もっと複雑な事情があるとも考えられます。ただし、ここでの彼らの発言は「むなしさ」や「ご期待応答力」について考えるのに意味のあるものだと感じます。おそらく、ファンの期待に応えて、彼らの望むものを与え続けることと、自分たちがやりたいこととの隔たりが大きくなってしまったときにも、引き続きファンの望むものを与え続けようと思えば、自分たちの生身のあり方を犠牲にせねばならないでしょう。

そう考えたとき、そこに呑み込まれないためには、「個」として表舞台から撤退することを選ぶ道も残しておかなければならないでしょう。それには、相当な決断が伴うと想像できますが、周囲や社会の期待に応えることより、自分たちの「マイペース」を優先することは大切なことなのです。

遊びがあってこそ

本来、楽しいことと、相手の期待に応えるということは無関係でしょう。何か無駄なことをやっているときが、実は、一番楽しかったりします。遊びに熱中している幼い子どもは、そのただの遊びが何らかの周囲の評価を生み出すことなど期待していません。

楽器を演奏する人やスポーツをする人などを「プレイヤー」と呼びます。「プレイ」というのは「遊ぶ」という意味です。華々しく活躍している音楽家、スポーツ選手なども、そこには本来的に「プレイヤー＝遊ぶ人」という意味が含まれています。

遊びは、その行為自体が目的です。そこには、何ら生産的なものが周囲から求められるわけではありません。ただ、結果として、遊びの中から、何かクリエイティブなものが生み出されることはあります。あるいは、遊びのまま終わり、クリエイティブなものを生み出すことなく、何の実も結ばないかもしれません。むしろ実際には、後者のほうが多いのです。

でも、遊びという行為を無駄として切り捨ててしまえば、そこからクリエイティブなものが生まれる可能性さえ捨て去ることになってしまいます。私たちがつくった「帰って来たヨッパライ」も、最初からヒットするというような、意味ある結果を求めてつくったのではありません。「間」ができたからこそ、そしてあえていうなら暇つぶし、時間つぶしの、遊びとしてつくった曲が、当時の時代状況の中で、たまたま大ヒットしたのです。

数々の無駄や無意味があってこそ、クリエイティブなものが生まれます。しかし、相手の期待に応えることが高く評価され、結果や生産性が求められる現代では、とかく無駄は許されません。結果を生まない、意味がないといった「ない」ことが許されないのです。

ここで、もう一度、私たちの自死したメンバーのことを挙げるのなら、もし彼が創作活動に遊びとしての余地を残していたら、結果が生まれるかもしれないし、結果が生まれないかもしれない、という態度でいられたかもしれません。そして、彼を襲った悲劇にも何らかの違った結果が訪れたかもしれません。でも、彼は自身にそうした態度を許さなかったのでしょう。すでに十分というほどの名声を得ていたあのころ、さらに手応えある結果が生まれないことを認められなかったのだと思います。

結果や生産性が求められる時代にあって、遊びや無意味が無駄として排除される。これはとても息苦しいことです。実際、多くの人が遊びの許されない社会に、息苦しさを訴えています。「喪失」を喪失した時代は、便利なようでいて、実は人に息苦しさを与えている時代でもあるのです。ですから、これから意味のないことの価値というものについても、語っていきます。

「むなしさ」はあって当然

「喪失」を喪失した時代にあって、私たちは「むなしさ」の表出を事前に回避しようとする社会を生きています。また、そうした社会では、「相手の反応」に過剰に依存し、それにうまく応えることが高く評価されます。

でも、私たちの周囲には次々と「間」が現れてきます。様々なデバイスや情報で埋めたと思っても、すぐにまた「間」はやって来ます。そうした「間」を何かで埋め尽くし続けることは不可能です。そのとき、ふと「むなしさ」が訪れるでしょう。しかし、事前に「むなしさ」の表出を回避しようと必死になってきた私たちは、そこはかとない「むなしさ」にとても弱い。がまんできないし、耐えられない。そして、また何かで埋めようとするけれども、やはり埋められない。それは地獄のような「むなしさ」へと巨大化することがある。

しかも、「相手の反応」に依存し、相手と一体化しているため、その手応えが失われたとき、私たちは深刻な自己喪失に陥ってしまいます。

私たちは、いま自分たちがどのような時代を生きているのかを、改めて確認する必要があるでしょう。「むなしさ」の表出が事前に回避されやすい社会にあって、でも、誰にも「むなしさ」は必ず訪れます。というよりも、そもそも意味のない言葉や情報が氾濫している現代そのものが、鴨居玲の作品のように、大きな「むなしさ」がすぐそこに忍び寄っている時代なのです。

私たちは、この「むなしさ」に慣れ、呑み込まれないようにする術を身につけなければならないでしょう。

こういう話をするとニーチェのいう「ニヒリズム」の思想を連想する人がいるかもしれません。ニーチェは、ヨーロッパにおける形而上学について、もともと存在しないものを根拠として掲げてきた、いわば無の上に打ち立てられたものととらえました。形而上学の思想とその背景にあるキリスト教を否定し、そのうえで生における一切の価値をも否定し、生が虚無の状態であることを認めるのです。ニーチェは、こうした思想をニヒリズムと定義しました。そして、ニヒリズムの中にあっても、生を肯定し、形而上学やキリスト教に代わり、現実の中で新しい価値を創造できる人間を「超人」と呼びました。

生の虚無を認める点において、私が提唱する「むなしさ」と付き合うということと共通している点もあるかもしれません。でも、私は「むなしさ」と付き合えるのは「超人」だとは考えません。誰にも「むなしさ」は当たり前のように訪れるからです。誰もが付き合うことができるし、付き合わざるをえないものと考えています。

第2章　「むなしさ」はどこから

――心の発達からみる

人はなぜ「むなしさ」を感じるのでしょうか。そのことを原理的に考えるために、精神分析学の発達理論の観点から、人間の成長と心の発達の関係を考えたいと思います。それによって、人間の心の発達と「むなしさ」とどう関係しているのか、考察していきます。そのことを知れば、喪失を繰り返す現代人の誰もが「むなしさ」という感覚をもつのは当然のことであり、それがけっして忌避すべきものではないことがわかるはずです。

空間的広がりとしての心

深層心理学では、人の行動や心の状態を過去の観点から分析します。人は過去に体験したつらいことや満足したことを覚えており、そのことが、私たちの現在の行動や心の状態にも大きく作用しています。体も心も頭も過去の経験を記憶しているので、生きていくなかで、そのことを何度も反芻《はんすう》し反復するのです。同じような失敗を何度も繰り返してしまったり、逆に、過去の成功体験を覚えていて、同じような行動をとろうとしたりします。そのため、私たち専門家は過去の体験から、その人の繰り返す「台本」について分析することを重視します。

「むなしさ」とは、心にぽっかりと穴があいているような状態と述べました。こうした表現からもわかるように、心は奥行きのある空間としてとらえられます。日本語では「心」も「裏」もともに「うら」という同じ語源から派生しています。人間には表と裏があるという言い方をします。「うら寂しい」という表現にもみられるように、裏とは心のことも表しており、「心の奥(裏)で何を考えているかわからない」という言い方にもつながります。「心の奥で」とか「心の片隅で」といった表現でも、日本人は心を奥行きのある空間的な広がりとしてとらえていることがうかがえます。

そして、この心の空間が満たされないことを空虚と呼んだり、「むなしい」といったりします。「むなしい」の漢字には「空しい」と「虚しい」の二つがあり、微妙にニュアンスが違います。「空しい」の「空《くう》」は、仏教の般若心経にある「色即是空」でも使われています。この世のものはすべて実態がなく、空無であるという意味合いですが、禅の影響もあってか、「空しい」のほうには、肯定的な意味も多分に含まれているように感じられます。どこか身近な印象さえあります。

一方、「虚しい」といった場合、もう少し深刻で重々しく、絶対に埋められない印象があります。「虚構」「虚偽」「虚言」と、「虚」が付くと否定的な意味の単語となり、「空」に「虚」

が足されると「空虚」となります。これは存在も意味も何もない状態を指しているように思います。そのため、「空虚」に身も心もすっかり包まれてしまうと、自分からは何かしようとする意思や気力もなくなり、どうしようもないという絶望した気持ちに襲われてしまいます。だから、私は「虚しい」や空虚は、単に「むなしい」と表現される状態より深刻で重症な状態と考えています。

そして、心が空間だとすると、「むなしい」という状態とは逆に、充実したり、満足したりという経験は、その空間的な広がりが何かで埋められ、満たされている状態だととらえられます。

二つの現実と「むなしさ」

深層と表層を分ける精神分析学では、人には二つの現実が存在すると考えます。

一つは、当然ながら、私たちが生活をしている現実の世界です。しかし、現実はそれだけではありません。精神分析学では、心の中にも現実があるととらえます。すなわち、心の外にある現実だけでなく、心の中の現実も含め、二つの現実を私たちは生きていると考えるのです。これは、表の現実と裏の現実だと言い換えることができます。

ともすると、私たちは目の前の表の現実だけを現実ととらえがちですが、心の中で感じていること、知覚することも、もう一つの現実なのです。そして、目の前の現実が心に影響を与え、また心の中の現実で起きる出来事が、私たちの表に出る行動などに影響を与えています。心の外側、目の前に広がる現実を「物質的現実」、心の中の現実を「心的現実」と呼んだりもします。

たとえば、アンデルセン童話の「マッチ売りの少女」で、寒い雪の中、少女は一生懸命になってマッチを売り続けています。お腹が空き、凍えそうな現実に身を置きながらも、マッチに火を点けることで、自分が心に望んでいたもう一つの現実が少女の目の前に展開します。心の中では、すでに亡くなっている優しかったおばあさんが現れ、少女は暖かい部屋でおいしいごちそうを食べます。でも、実際の外の現実では雪の中で凍えてマッチを売り続けています。精神分析学の観点では、このように目の前で起きていることと、過去の記憶や願望などをもとに心の中に浮かんだこと、感じたことの両方を現実ととらえるのです。

この二つの現実について、私たちは両方を意識することができますが、片方ばかりを意識してしまうことも少なくありません。心が感じていることを抑えつけて、外側の現実にばかり適応しようとしたり、逆に、心が感じていることに振り回されて、目の前の現実に冷静に判断できなくなってしまったりします。

前章で「むなしさ」を便宜的に二つに分けて考えることを述べました。心の外側で何らかの対象が喪失することで発生する「むなしさ」と、自分の心の内側に広がる「むなしさ」の二つです。前者は心の外側の現実と対応し、後者は心の内側の現実と対応します。

たとえば、「マッチ売りの少女」のように、貧しく過酷な現実を生きている場合、心の外側の苦しみや外の「むなしさ」のために、心の中に逃げ込むことがあるでしょう。一方、物質的には満たされていても、なんとなく心がさびしいといった場合は、心の内側の「むなしさ」が意識されていることになります。いくら食べても、いくら物品を購入しても、心の「むなしさ」が満たされないことはあるでしょう。あるいは、逆に物質的に満たされていなくても「むなしさ」が意識されず、心は満たされている場合もありえます。

「対象喪失」と個人差

前章ではフロイトの「対象喪失」についても考えましたが、フロイトたちは同様に、こうした二つの現実について次のように分析しています。

たとえば、自分の外側の現実に愛する人がいたとします。その人が亡くなってしまっても、心の中の現実に、その人のことが取り入れられていて、良い形で想い描けるならば、私たちはやり過ごすことができる、と深層心理学では考えます。ということは、愛する人を失ったとしても、その人の形見の品などを愛《め》でながら、その人のことを想うことができれば、人は心の内を満たすことができる。その人が天国で幸せになっているとか、どこかで自分を見守ってくれているなどと考えることで、日々を過ごすことができる、というのが私たちの常識でしょう。

ただし、こうした感覚には、個々の体験やその体験の受け止め方による個人差が小さくありません。たとえば、幼いころに両親を亡くすという経験をした場合を考えてみましょう。両親の喪失という現実によって、心の内側にも「むなしさ」が生じ、それが長く癒されないこともあります。あるいは、両親の喪失後、親切な里親に引きとられ、そこで充実した生活が与えられ、心の内側の「むなしさ」も癒され、薄れていくことなども考えられます。

したがって、ある喪失が、その人にとってどのように外傷体験となるかは、かなり個人差があるのです。そのため、一般論を語ることには困難な側面もありますが、個人差については後述するとして、ここではまず多くの人が経験する典型的・原理的な事例を取り上げて分析していきます。

「密」という心の発達の原点

以上のことを理解したうえで、人の心の発達と「むなしさ」の関係をみていきましょう。

私たちは胎児のとき、母親の子宮の中で羊水に包まれ、母親と臍《へそ》の緒でつながっています。何を望まなくても、血液も栄養分も母親から与えられます。自分の体内という内側が、母体という外側と完全につながっていて、栄養の点でも不要な老廃物の排出の点でも、何もかもが満たされている「密」の状態にあります。この母子一体の状態では内と外の切れ目がなく、「間」というものが存在していません(図2-1)。

「ミツ」という音は、はちみつなどの「蜜《みつ》」をも連想させます。まさにハニーのように甘い記憶として想起できるのは、こういう状態を出生後も錯覚できるからかもしれません。

誕生の後、私たちは母体から出て、乳幼児期を迎えます。人間は、他の動物と比べると、とても未熟な存在として生まれてきます。他の動物は、出生後からすぐに立ちあがり動き回りますが、人間の赤ん坊は自分一人では何もできません。母親などから「身になる」ケアが与えられなければ、生きていくことができないのです。

でも、この時期はまだ「密」の状態ともいえます。未熟な赤ん坊が何も言えなくても、母親などがそのニーズや欲求を汲んでくれて、ケアやおっぱいを与えてくれたりします。あるいは、

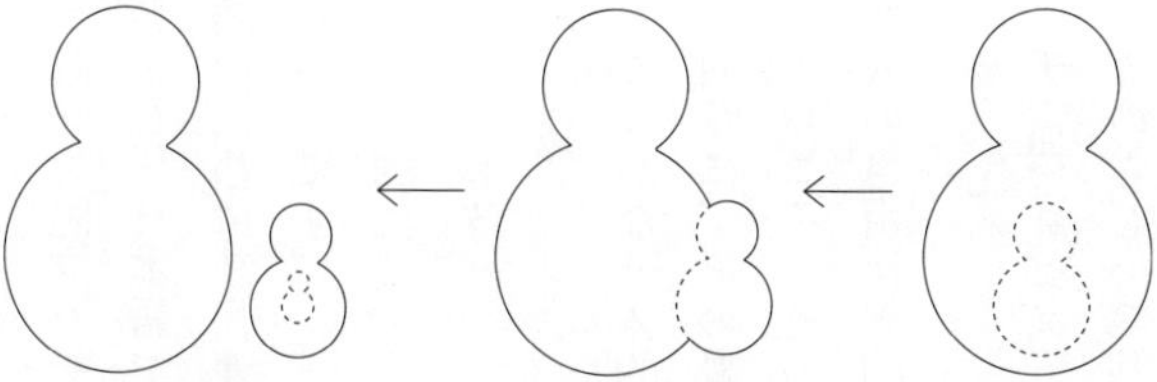

図2-1　「密」から「間」の関係への移行

泣けば、何が欲しいのかを察してくれて、与えられたり、何かを世話してもらえたりします。献身的な育児によって、胎児期における母子一体が再現されて、その実在が錯覚されるなら、自分と他者との関係性も十分には分離・分化していない状態にあることになります。

「チ」のつながり

胎児期の臍の緒を通じた「血《ち》」のつながりは引き継がれて、母親などが欲求を汲み取って与えてくれる「乳《ちち》」のつながりが「血のつながり」の錯覚として保たれていることになります。そして、母親以外のケアの役割を担う「父《ちち》」とのつながりも生まれてくることでしょう。ここで自由に連想すれば、くち(口)、ちつ(膣)、いのち(命)、だいち(大地)など、「チ」という日本語の音は、私たちに親密で生々しいつながりを連想させてくれます。

日本語の特色は無数にありますが、深層心理学にとっての第一の特徴は、このように私たちが仮名レベルの意味連関を生きていることです。表意文字の漢字が意味を際立たせる水準を維持しているのに対し、表音文字の仮名では目立たない意味連関が発生し、日本語では言葉を二重にして生きているのです。このことで生まれる大量の同音異義語のために語呂連想が豊富になり、それに沿った言い間違い、言い換え、冗談を口にしやすくなるのです。

個人的には、「チ」の生き生きしていることを確認したければ、硬い「カタ」に「チ」を付けて「カタチ」と言うだけで、静的な型に生命が宿ると感じています。また、ここに「婆ちゃん」「爺ちゃん」「私たち」という「チ」がリズミカルに連なると、日本語の「チ」を介して厚くて豊かな身体的で家族的な群像を体感できます。

同時に、その豊かな音レベルの多義性や重層性から疎外される人には、それを享受していないからこそ、その重大さがわからないとされます。したがって、従来からいわれていることを、個人の自由連想的なものも含めて紹介しておきましょう。

チ(血)(乳)(父)　チが血の意に転じたのは人間の身体に霊《チ》が流れているという観念から出たものらしい(『日本古語大辞典』)

父　威力のある心霊を称える語である霊《チ》を重ねたもの（『大言海』『日本語源大辞典』ほか）

乳　血《チ》が変化して生成することをいう（『大言海』『日本語源大辞典』ほか）

膣　「母乳」から転じて「乳房」「胸」「ふところ」「かくしどころ」「陰部」をも意味するように展開発展した――べべ、ボボ、ポポ、へへ、チンチ、チンコ、チンボ、ママ、ノノ、ソソ（『国語語源辞典』）

これらには、客観的な証明とか、第三者のことなど知ったことではないという、通じる人には通じる連想が含まれていそうです。第三者や「みんな」の理解を必要とする「三者言語」に対して、「あなた」に通じればいいとする言葉を、私は「二者言語」と呼んでいます。後者ではまさに舞い踊る言葉遊び、あるいは言霊《ことだま》の働きを感じるのですが、いまやこれらの意味連関は恥意識で覆い隠されてはいても、ときに「チュッ」とか「エッチ」と言えるような蠢《うごめ》く連想とともに、人や様々な対象の親しい関係性が語の後ろで連なるのです。そして、これらを裏に感じながらも、漢字レベルの清明な議論を続けられることもまた成人の抑圧の証といえます。

臨床的問題としては、このような意味連関の内に巻き込まれたり、溺れたり、絡め取られたり、囚われたり、息苦しくなったりし、また逆に「蚊帳《かや》の外」に疎外されて繫《つな》がれなかったり、切断されたり(ちぎれる、ぶちぎれる)、母国語がしゃべれている気がしない、通じない、届かないという、両方向の困難が生まれることになるでしょう。さらには、何より私たちがこれを扱う際は、醜い(見にくい)、馬鹿馬鹿しい、という反応や、そこに罪意識や恥という不安を生じさせ、こういう解明に対する文化的な「抵抗」も起こりやすいのです。

言葉に意味が与えられる

こうして普通は、共通する音としての「チ」によって生臭い連想とともに「つながり」という豊かな意味が運ばれていると私は考えているのです。そして乳幼児期、私たちは、母親あるいは母親代理者との交流とその相手からの応答によって次第に、つながりの道具としての言葉がさらに明確な意味を獲得していくことになります。たとえわけのわからない表現であっても、意味が「通じる」相手が現れるので、第二者(あなた)にだけ「通じる」言語であり、前述のように私はこれを特別視して「二者言語」と呼びます。

多くの場合で、「おっぱいが欲しいのね」「おむつが汚れて気持ち悪いのね」と話しかけられ、実際、愛情とともに、その行為や物が与えられるという経験をします。言葉というものに意味があり、しかも、それに対応した行為や物が現実に支給されることを学ぶのです。言葉が「意《い》になるわけです。

もちろん現実には、心の中の現実もありますから、言葉に伴う実際の経験には、空想とか夢の中の体験も含まれます。蛇を見たことのない人に、「ヘビ」という音とともに怖い蛇というものが空想や物語の中で経験されることもあります。

したがって、私たちは乳幼児期に言葉を獲得する段階で、言葉を意味や、中身としての実、身といった裏付けをもったものとして体験します。言葉の獲得とともに自分と他者との分離・分化も芽生えてきます。

成長するにしたがい、ただ泣くことしかできなかった状態から脱し、私たちは「マンマ」「ウマウマ」などと声を発し、母親など相手に何かを伝えようとします。この段階では、第三者、つまり母親を代表とする現実の相手が、あるいは夢や空想がその意図を汲み取ってくれることによって、多くの場合、言葉とともに望むものが獲得できます。

さらに成長すると、私たちは言葉を身につけて、自分の意思を言葉で相手に伝えることができるようになります。ところが、この段階を迎えると、だんだんと自分が言葉を発して意思を示しても、結果が得られないことが生じていきます。「お腹が空いた」と言っても、聞き流されたり、「後にして」と言われたりすることもあります。言葉が意味をもたずに、実も身をも結ばない経験が増えていくわけです。そして、自分と他者との関係も分離・分化し、また母親や保護者だけといった関係性ではなく、複数の他者や第三者たちとの関係性を築いていき、ちゃんとした「三者言語」で第三者にわかってもらわねばならなくなるのです。お店やレストランで注文して待てるというのは、そういう「三者言語」の発達を必要とするのです。

心の発達と「むなしさ」の発生

いまみたように多くの人にとっての胎児期や乳幼児期は、母親などケアを担う者だけとの密接なつながりがあり、「密」な関係が保たれています。すなわち、楽観的に人の交流の発達や発展を考えた場合、最初は「チ」や「チチ」の「つながり」で「通じていた」という体験から出発することが多いのです。ここが心の発達の原点になります。

自分が何かを欲しなくても、必要とするものが与えられ、ほど良く満たされている状態から始まり、その後、何かを欲すれば、保護者によってそれが与えられることで満たされやすいという状態へと移行していきます。この時期は、まだ自他が未分化な状態です。

しかし、成長するにしたがい、自分が欲しているのに、いくら待ってもそれが得られず、すぐに満たされない経験が増えていきます。他者から与えられないので、欲しいものを得るには、自分で行動して獲得していかなければなりません。こうして自他の一体化は失われ、自他の分離・分化が生じていき、自立や個の確立が求められて、実際に独立に向かっていくのです。

つまり、人は他者を意識しない「密」な状態から出発し、やがて自分と他者が分けられ、その距離が広がっていくことになります。ここに自分と他者との「間」が生じ、それが広がっていく過程がうかがえます。他者との「間」が生じることで、何かで満たされていた心身が、満たされなくなっていきます。さびしさや「身なし子」の不安が生じる。すなわち、「むなしさ」が生まれます。

また言葉においても、意味が伴い、実や身として裏付けられていたものが、成長するにしたがい、意味を失い、実や身も得られないことになっていきます。言葉によって、自分が望んだもの、期待したものが得られなくなるのです。つまり、ここでも「むなしさ」という感覚が生まれることになります。

満たされていたものが満たされなくなる。通じていたものが通じなくなる。相手が自分の期待に応えてくれない。こうして、人が成長し、心が発達する過程で「むなしさ」という感覚は、必然的に生まれてくるものなのです。しかし、密から分離へ移行していく先の**図2-1**における左の分離状態でも、心に母親という対象像を抱くことができれば、さびしさや「むなしさ」もそれほどではないでしょう。このプロセスを、対象の「取り入れ」あるいは「内在化」と呼びます。

過去の体験と二つの現実

人の心の発達を、ある種、単純化しながら、母胎という、私たちの誕生の原点にさかのぼって検証しているのは、先述したように、成長した私たちが心の外側と心の内側の二つに分かれた現実を生きているからです。心の内側には文字通りに「通じた」「つながっていた」という過去の体験があり、私たちはその記憶に影響を受け、反復しながら生を営んでいます。また、私たちが目の前の何かを認識したり、感じ取ったときの「通じる」という経験も、過去の「通じた」という記憶を踏まえるからこそ成り立つのです。

ある体験をしたときに、私たちは、それを苦しいとか、楽しいなどと感じます。体験で得た刺激に対して過去の体験を踏まえて何らかの意味付けを行っているのです。これが認識というものです。

「これ」が「あれ」だとわかるという「認識」には、名札としての言葉や、過去の体験から生まれた意味付けがものをいいます。言葉から考えると、いま感じていることと記憶していることを中身的に連動させて、名前の付いているものとして意味付けているのです。

確かに、苦しいとか、楽しいなど、私たちがある体験を意味付けできるのは、過去に似たような経験をしており、それを何度も反復しながら、その感覚にすでに名前を付けているからです。

トランプの「神経衰弱」というゲームは、本当に神経をすり減らすもので、とてもよく考えられた的確な命名です。このゲームでは、すべてを裏返したトランプのうち、一枚をひっくり返します。たとえば、それがスペードの3だとすると、記憶をたよりに、裏返されたカードから同じ3の数字のものを探します。最初にひっくり返したスペードの3という記憶をたよりにし、心の中にある、たとえばハートの3に重ね合わせてペアをつくって認識するのです。そして、スペードとハートというようにマークが違っていても、数字が同じものを、同じカードとして認識できる力も必要とされます。

このゲームで「同じだけど違う」ということを楽しむところは、人間の遊びの中でも重要な営みです。たとえば先の「父」と「乳」という同音異義語を、同じだけど別のものとして区別する際、多くの人がこの言葉遊びの能力と愉快が体験できるというのに、逆にそれが困難だと病的な「神経衰弱」に陥るというわけです。

このゲームが象徴するように、私たちは、過去の記憶によって積み重ねられた心の中の現実と、目の前にある心の外側の現実を行ったり来たりしながら、二つの現実を生きています。普通は、過去の苦しい体験などを、現在の体験に重ね合わせ、体験自体は違っていても、同じ名前の感覚として知覚できるのです。

したがって、「むなしさ」という感覚を私たちが感じ取れるのは、過去の心の発達過程の中で、それと同様の体験をしたことがあり、それを繰り返し感じ取ってきた記憶があるからです。母との一体的な「密」な関係が失われ、簡単には実も身も得られないという体験を原点として、同様の喪失体験を繰り返すことで、私たちは「むなしさ」を自分自身のものとして認識するのです。

「個」を強調する欧米と日本の「甘え」

ここまで述べてきたことは、多くの人を想定した、一般的な心の発達をモデルとして説明したものです。しかし、どのように胎児期や乳幼児期を過ごしたか、それをどのように感じ、受け止めてきたかによって、「むなしさ」の感覚には個人差が生じます。

まず、国や文化によって、人の心の発達の仕方やその見方は違ってきます。

欧米では、自立や個の確立を重んじる文化が根づいています。歴史を振り返ってみても、国家の独立や自立の必要性が強調され、それが原因となって戦争も繰り返されてきました。したがって、自他の分離・分化を肯定的にとらえ、早い時期から自立を促し、しっかりとした個を身につけることが大切とされます。ある意味、これは狩猟民族の宿命だといえそうです。

たとえば、子どもの寝る場所を考えてみると、欧米では赤ん坊のときから、多くの場合で両親とは別の寝室が与えられます。お腹が空いたら、自分で声をあげなければ親はやって来ない。あるいは、声をあげてもなかなかやって来ない。そんな環境では、子どもは早くから自分で個として行動することを覚えなければなりません。

一方、日本の場合、乳幼児期に母親などが赤ん坊の横に添い寝をして、常にかいがいしく世話を焼いてくれるのが一般的です。自分で意思を示したり、行動を起こさなくても、すぐに母乳が与えられそうです。しかも、日本では乳幼児期を過ぎても、親子が一緒に「川の字」に寝ることが、それほど珍しくありません。母子一体の状態から自他の分離・分化に至るまでの期間(「移行期」と呼びます)が長く、自他の未分離・未分化の状態が長く続いていると考えることもできます。というわけで私は、この文化では水生から陸生の間での、両生類段階が長くなっていると考えており、このことについては以降の章でも詳しく論じたいと思います。

こうした欧米と日本における文化の違いは、個に対する考え方、他者との関係性のあり方などにも大きな違いをもたらしています。他者との関係性だけでなく、何かがないときにどれだけ待てるかといった「間」に対する感覚にも差異をもたらします。

個を重視する欧米に対し、日本では、自立や個の確立についてあまり重視されてきませんでした。島国で農耕民族であるからでしょうか、むしろ家族的な一体感や自然主義、「お互いさま」という言葉にみられるような相互依存の関係が大切にされます。

日本を代表する精神分析家の一人でもある土居健郎先生の唱えた「甘え」理論では、「甘え」という概念がまずは日本社会特有のものとして提示されました。自立や個の確立が重視される欧米では、他者に依存し、甘えることがよしとされません。しかし、日本では「甘え」は否定的に使われる場合もありますが、肯定的な意味で使われることもあります。むしろ、人が生きるうえで、他者との関係性において「甘え」が積極的な意味をもつこともあります。このように、土居先生は「甘え」という概念によって、日本における他者との関係性をとらえ直し、逆に国際的な評価も得たのです。受け身的な依存心をよしとしない欧米の考え方に対するアンチテーゼとしても、衝撃をもって受け止められました。

文化や風土の違う欧米の発達理論をそのまま日本人の心の分析に持ち込むことには、やはり様々な無理があるのです。

とはいえ、文化や価値観が違っていたとしても、人の発達において、まず胎児期という満たされた状態から出発するということ自体に変わりはありません。国の違いを越えて、多くの詩人などが、この時期をユートピアにたとえて表現活動を行っている共通点もうかがえます。

喪失のイメージさえもない

さらに個人差についていえば、一人ひとりがどんな乳幼児期を過ごしたか、どんな育児を経験したかなどの違いがあることも当然、意識せざるをえません。

心の発達段階において、満たされた状態から、満たされない状態に移行することで、私たちは他者との関係性や自分の心の中に「間」が生じ、「むなしさ」という感覚を覚えることを指摘しました。つまり、あるはずのもの、あったはずのものが失われることで、「むなしさ」という感覚が生じるのです。

しかし、この「満たされた状態」が極度に不安定だった場合、そもそも何かが失われたという感覚さえ抱けない人も存在します。

たとえば、乳幼児期のハネムーンといわれやすい「密」の状態にあったときに、母親が亡くなってしまい、満たしてくれる存在が失われてしまったとします。その場合でも、その後、父親や祖父母が愛情を注ぎ、母親の役割を埋めようとするなどで、母の喪失がそれほど大きな外傷体験とならずにすむ場合もあるでしょう。しかしそれ以前の段階、たとえば出産後すぐに母親が亡くなるなど、人生の出発段階で母親から「満たされた」という感覚が十分に与えられていなければ、何かが失われたというイメージをもつことすらできない場合も考えられます。

失望や絶望という感覚は、それより以前の段階に、希望しているという感覚が存在してこそ認識できるものです。そもそも希望をもったことがなければ、失望や絶望をイメージすることもできませんし、そうした感覚を言葉として獲得することもできません。

「むなしさ」は、もともとあったもの、あるいは望んでいたものが失われることによって生じやすいのですが、イメージをもつことや言葉で認識することすらできないというのは、想像を絶する空虚ということになります。イメージをもつことができないので、それを「つらい」「悲しい」といった言葉に置き換えることさえできません。精神病理として重症化する危険性があります。

ナチス・ドイツによる強制収容所から生還した多くのユダヤ人が、あまりにも壮絶な体験が大きな外傷体験となり、その体験を心の中に受け止めることができず、思い出すことも語ることもできなかったのは、ある意味、当然のことです。

実際、戦争などが起きてしまえば、心の外の現実、すなわち衣食住をどう確保するかなど、どう生き延びるかということが最重要課題となり、心の「むなしさ」をどうするか、どう満たすかということは、後回しにされてしまいます。戦争に限らず、自分の存在が脅かされるような暴力や虐待にさらされる場合などでも同様です。心の問題が後回しにされれば、それは処理できない外傷、取り返しのつかない体験として残り、その人のその後の生き方に大きな影響を与えることにもなります。

したがって、先に一般的な人間の心の発達をモデルとして「むなしさ」を説明しましたが、同様な形で「むなしさ」を感じ取れない場合も、様々にあることに留意しておく必要があります。その個人差によって、当然、「間」の過ごし方、「むなしさ」との付き合い方にも違いが表れてきます。

子どもと「間」

精神分析によるものではありませんが、私の問題視する、「間」に関する個人差に関連して、おもしろい実験があります。

心理学者のダニエル・ゴールマンが『EQ　こころの知能指数』(一九九五年／土屋京子訳、講談社+α文庫、一九九八年)の中で紹介しているもので、一九六〇年代にスタンフォード大学の心理学者ウォルター・ミシェルが大学構内の付属幼稚園で行った実験です。

四歳児の子どもに対して、実験者が「ちょっとお使いに行ってくるからね。おじさんが戻ってくるまで待っててくれたら、ごほうびにこのマシュマロをふたつあげる。でも、それでも待てなかったら、ここにあるマシュマロひとつだけだよ。そのかわり、今すぐ食べてもいいけどね」と伝えて、一五分か二〇分程度、その部屋からいなくなります。

すると、子どものうち、何人かは実験者が戻ってくるまで、がまんして待つことができました。待っている間、子どもたちは手で目を覆ってマシュマロを見ないようにしたり、自分を相手におしゃべりをしたり、歌をうたったり、手あそびや足あそびをしたり、いろんな工夫をして、実験者の不在という「間」に耐えていたそうです。

一方、がまんできなかった子どもたちのほとんどが、実験者がいなくなってすぐにマシュマロに手を出してしまいました。

EQ(Emotional Intelligence Quotient)とは日本語で「心の知能指数」といわれるもので、自分や他者の感情を認識して適切に対応する力や、自分の感情をコントロールする力などを指します。ゴールマンは、衝動をがまんする能力は、情動(emotion)をセルフ・コントロールする力の根幹であるとして重要視しています。

この実験でもわかるように、「間」にどれだけ耐えられるかは、幼いころから個人差がみられます。それは、もともとの気質などとともに、その子がどんな環境で成長・発達をしてきたのか、母親などの不在によって生じる「間」をどう感じ、どう行動してきたかなどが影響しているものと考えられます。

この実験は、子どものその後についても追跡調査を行っています。マシュマロに手を出さず、がまんできた子は、青年となった時点で高い社会性を身につけており、対人能力にもすぐれ、困難に直面しても混乱したり狼狽したりすることが少ないという結果がみられました。一方、がまんできなかった子どもは、対人関係を避けたり、自己肯定感が低かったり、感情の起伏が激しいという結果になったとのことです。

つまり、幼いころにみられた「間」に対する対応は、成長しても反復される傾向が強いということなのでしょう。

子どもが「間」に耐えるために、様々な工夫をしているのは、とても興味深いことです。歌をうたってみたり、自分で遊びをつくってみたり、すでに幼いころから「間」とうまく付き合う方法を見出そうとしています。すなわち、意図せず生じた「間」をうまく利用することで、歌ができたり、遊びが生まれたりしているのです。

耐えきれない「間」が生じることは、私たちに「むなしい」という感覚をもたらします。そして、前章で述べたように、その語源が「みなし」であるように、「むなしい」という感覚は、実が伴わず、中身も味も、そして意味もない状態を示します。ところが、「間」を感じ取って、「むなしさ」と付き合うことで、やがて歌や遊びなどの実が生まれて、それが自身の身になる可能性があることが、この実験からうかがえるのです。

一方、がまんできない子どもは「間」が容易に「魔」になってしまうのでしょう。「間」は悪いもの、怖いものであり、あってはならないものとして認識されるので、衝動的に「間」を消してしまおうとします。そうした心性では、「間」からは何も実は生じず、「無」のままとならざるをえないでしょう。そして、衝動的にマシュマロを食べてしまった後には、また再び「間」が訪れることになります。

「魔」や「実」「身」、あるいは「無」といった、「間」をめぐる経験が、偶然にも唇を使う「まみむめも」の音で共通しているのも興味深いところです。

「間」を生きるという課題

このようにみてくれれば、心の発達の段階で、他者との関係性や自分の心の中に「間」が生じ、「むなしさ」という感覚を味わうということは、少なくない人たちにとっては当然の経験であることがわかるでしょう。だから、誰も「むなしさ」から逃れられないし、「むなしさ」を完全に消し去ることはできないのです。

何かを欲しても得られない、ひたすら待っても得られない。この喪失や不在という「間」、待つという時間の「間」、これをどう生きるか。心の中に湧き出てくる「むなしさ」とどう付き合っていくか。このことが、私たちが生きていくうえで、ずっと大きな課題として存在し続けるのです。

また、私たちが過去にその「間」をどう経験し、それをどうやり過ごし、どうこなすことを身につけていったかが、その人の将来の生き方にも大きな影響を与えます。私たちは過去の記憶、過去の経験を反芻、反復しながら、いまを生きているのです。

私のことを振り返れば、子どものころ、私の両親は京都の自宅に医院を開業していました。父は戦争中、従軍医として満洲に派遣されましたが、結核を患《わずら》い本国に送還されたそうです。

ところが、父の所属していた部隊は、その後、南方戦線に送られ、壊滅したといいます。父は自身が戦争を生き残ったことに罪悪感を覚え、身を削るように医者の仕事に専念しました。母親もまた医院の会計や雑用などで働きずくめでした。

幼い私は両親にかまってもらいたくて、両親を求めていました。でも、両親は仕事に忙しくて、不在です。そんな「間」を、私は下駄箱の患者さんの靴を数えながら過ごしました。患者さんの靴が減っていけば、仕事が終わりに近づき、両親が私のもとにやって来てくれる。靴が増えれば、両親は仕事に駆り出されて、不在が続くことになる。靴の数は増えたり減ったりして、それを見つめて待っていた私はやがて眠り込んでしまったこともありました。

また、音楽鑑賞を唯一の趣味としていた父親が買った蓄音機(電蓄)が我が家にあり、それで音楽を楽しむなどで、「間」を過ごしました。やがて私は「間」が生じたとき、歌をうたい、また自分で好きな音楽を聴くようにもなりました。こうした、幼いころに覚えた「間」との付き合い方が、その後の人生の中で何度も繰り返されてきました。その後の作詞家としての、そしてこのような著述業としての活動にもつながっていったといえるでしょう。

たとえ心の外側の「間」が満たされていたとしても、心の内側はぽっかりと穴があき、私も「むなしさ」を感じることがあります。そして心の外側に喪失があったとしても、私たちは想像や過去の記憶などによって、心の内側を満たすことはできます。逆に、心の中に生じた「むなしさ」が簡単に満たされることなく、それが何なのかもわからないまま、果てしなく空虚が続くことを精神分析学は深刻な問題であると指摘しました。

死を考えてしまうような、吸い込まれる空虚では専門家の協力を得る必要があるでしょう。そうした重症の空虚では、かろうじて何かで満たされるだけでも幸せだというケースもあるでしょう。

しかし、「間」や「むなしさ」から私たちが逃れられず、場合によっては、それらが深刻な病理の原因にもなる以上、それらを具体的に形にして、その正体について知り、あらかじめそれらとどう付き合っていくかを考えていくことが重要です。つまり、「むなしさ」とどう付き合うかということは、私たちが普通に生きていくうえでとても重要な課題だと思うのです。

第3章 「間」は簡単には埋まらない

——幻滅という体験

前章で、人間の心の発達から「間」や「むなしさ」の発生を考察しました。私たちは、過去の記憶などが形づくる心の中の現実にも大きな影響を受けながら生きていることも確認しました。すなわち、過去にどのような喪失や別離を体験したのかということが、私たちの抱える「むなしさ」に大きく関係してくるはずです。本章では、この「喪失」をさらに深く考察することで、過去の喪失体験が「間」とそこから生じる「むなしさ」にどんな影響を与えているのか考えていきます。

相手に対する「幻滅」の個人差

母胎という私たちの誕生の原点において、私たちは母親とつながり、満たされていました。しかし、成長するにしたがい、そのつながりが切れていくことになる。そこに「間」が生まれ、「むなしさ」を感じるという過程を前章でみました。胎児期から成長していく過程で、かつて一体感を覚えつながっていたはずの相手に、自分の意思が直接的に通じなくなるという段階が訪れます。相手に期待をしても、その期待が裏切られてしまう。身体的な「つながり」は出生のときに切れているので、その後の多くの場合は「つながり」の錯覚です。すなわち、この錯覚としての「つながり」が壊れることなので、心理的には「幻滅」と呼ぶことができます。

そして大抵が、原初に心理的につながっていた母なる相手との関係は、いったん壊れたならもう二度と戻ることはないのです。しかも、こうした取り返しのつかない幻滅がもたらす痛切や戦慄は、多かれ少なかれ、誰だって経験していることでしょう。たとえば、幼いころ、誰もが迷子になった経験があると思います。一緒にいたお母さん、お父さんがいなくなってしまった。もう二度と会うことはできないのではないか、という不安に襲われる。そんな経験は、多くの人が体験しているのではないでしょうか。

ただし、ここでも個人差があり、やはり迷子になって母親や父親がいなくなった不安を覚えながらも、すぐにその不安から立ち直り、本屋で平気で漫画本を読んでいたという子どもだっているかもしれない。

つまり、迷子体験を左右する要因は心の中の思いやその環境にあります。同じような体験をしても、二度と会えないと思うか、すぐに来てくれそうに思えるか、の差です。ただし外的現実だけではなく、夢や空想のような内的現実の中でも、外的現実と同じくらいにつらい別離を体験することがあるのですから、実際の育児がどうだったのかは問題ではなくなることが多いのです。だから、問題のケースについて考察する際、その子の受けた育児にばかり原因や影響を求めることに対しては慎重でなければなりません。

迷子の例に限らず、たとえば、震災やその後の津波によって、親と引き離されてしまったという悲劇でさえも、それをどのように受け止めて、どのようにやり過ごすかには、個人差があります。同じ悲劇として一概に語ることは難しいのです。

また、同じような喪失であっても、良い思い出を自らの怒りで破壊することもあります。そんな場合の「むなしさ」は自業自得でもあるのです。こうしたことに気づかずに繰り返してしまうと、悲惨な「むなしさ」となるでしょう。

過去にどんな体験をしたのか、親などとどんな関係性を築いてきたか、それによって心の中にどんな記憶がつくられているか、どのぐらい希望をもつことができたか、あるいは、ほとんど希望をもつ経験などなかったのか。それとも希望を自分でドブに捨ててしまったのか。こうした心の内外における過去が、現在の生に大きな影響を与えています。「間」をどうするのか、どれぐらい待てるのか、そこから生じる「むなしさ」とどう付き合うか、といったことも、こうした過去の体験とその記憶によるところが大きいのです。

そして、いくら過去の「つながり」が当たり前だったとしても、確実な「つながり」を得ることは、小学生になるころには実に難しくなるのです。それを切れているというのに無理につながろうとするなら、ハラスメントや性加害にさえなってしまうこともありえます。また同時に、「スマホがつながっていない」「Wi-Fiがつながっていない」などにおいても、「つながり」の錯覚は壊れやすいことを人びとは毎日のように思い知らされているのです。

言葉に対する「幻滅」

もともと言葉に意味があるのは、意味ある実がもたらされたからこそ、自分たちの身になっていたからだということを前章で確認しました。また成長の段階で、言葉が通じず、意味が失われていくことが仕方のないものであることも確認しました。しかし、ここでも個人差があり、そもそも発達の最初の段階で、言葉に意味があるという経験をできなかった人もいます。その場合、言葉に対する期待はまったくもてず、言葉に囲まれた世界そのものが空虚に感じられてしまうということにも陥ります。

しかし私たちの生きる社会は、言葉が意味をもたないという「幻滅」を経験しながらも、それでも言葉を使い続けなければなりません。言葉に全面的に信頼を寄せるわけではないけれど、でも、言葉を全面的に否定するわけでもない。そうしたアンビバレントな位置に立って、言葉によって自分の外側、社会や世界とつながっていくことを期待しながら、そして何度も裏切られながら、言葉を使い続けるという現実を、私たちは生きています。

もっとも、こうした言葉に囲まれた世界が本当の幸せの在り処ではない、という見方もあります。かつては、言葉を使わなくても、母親あるいはその代理者という他者とつながり、通じることができていたかもしれません。すでに述べたように、詩人などが、そうした過去をユートピアとして懐かしむ表現手法は、広く世界に共通しています。そのような視点に立てば、ユートピアを追い出されたので、皆がそれを呼び戻そうとして言葉を使わねばならないのですが、言葉は不完全であり、仮にユートピアに戻れたと思っても、そこはますます不完全で窮屈な、つまらない世界となるのだと少しニヒルに予測することもできるでしょう。

いずれにせよ、私たちが発達の中で、親などとの関係性や言葉と意味について、裏切りを感じ、幻滅の痛みを覚えるということの不可避性を、ここで確認しておきたいと思います。

「幻滅」と「脱錯覚」

私は、この幻滅を、イギリスの精神分析家ドナルド・ウィニコットの理論に学んで「脱錯覚」と呼んだりもします。つまり乳幼児期は、何でも自分の欲するものを与えてくれる母親に依存し、多くの面で欲求が満たされており、そのため自分中心の万能感を覚える時期でもあります。ところが、この万能という「錯覚」は、母親的存在が自分のニードや欲求に多くの面で応えてくれず、一体感が壊れて母親が自分だけの存在ではなかったことを段階的に思い知ることでゆっくりと崩壊します。というのは、順調であれば絶えず母親代理が見つかり、錯覚が復活することで外傷的な幻滅は回避できるようであり、これがウィニコットのいう「脱錯覚」の考え方です。

母親の不在により、子どもは欲求不満を覚えますが、母親の感覚を思い出させるぬいぐるみやおもちゃなどに触れることで、母親代理を創造し不安を軽減させていきます。このぬいぐるみやおもちゃなど、子どもが強く愛着を抱く対象を「移行対象」と呼びます。

そして、子どもが成長し、主体性や自主性を身につけていくにしたがい、万能空想から出て客観的世界を少しは認識できるようになり、「お山の大将」のような万能感を適度に現実的なものへと変えていくことになると考えています。

「脱錯覚」も「幻滅」も英語は同じ「disillusionment」ですが、ウィニコットは、空想や錯覚から現実への脱錯覚に至る移行過程で、移行対象が重要な橋渡しの役割を果たすととらえたのです。

幻滅には多かれ少なかれ外傷的な痛みが伴います。ただし、幻滅が緩慢に訪れるほど外傷的な経験は少なくなります。逆に、あまりに急激な形で訪れれば、深刻な外傷体験として心に深い傷を与えることになります。

ウィニコットの考えに学ぶのなら、何らかの移行対象を見つけ、それが錯覚から脱錯覚への移行をうまく橋渡ししていければ、外傷体験も軽くて済みます。一方、この移行期を経ずに、突然に喪失が訪れれば、私たちは自分と現実とを橋渡すものを得ることなく、ただ途方に暮れるばかりとなりかねません。

人はみな歳をとり、やがて老化していきます。しかし、それは徐々に訪れてほしいものでしょう。気持ちはいつまでも若いつもりでいたけれど、気づいたら、もう七〇歳になっていた。そんな感覚は多くの人に共通しているものでしょう。この場合、いうまでもなく、突然、七〇歳になったことに気づくのではなく、毎年、歳を重ね、徐々に体力も落ちていくといった経験をそれほど意識しないまま重ねているのです。

つまり多くの場合、歳をとることや老化の進行は、大病や大怪我をしない限りゆっくりと進んでいるので、激しい外傷体験となることはあまりありません。自分は若いという「錯覚」から、歳をとったという「脱錯覚」に至る移行は、たとえば、若いころと違い、年寄りの冷や水を回避して、老人向きの遊びや楽しみを得ていくなどで、自分の中でうまく橋渡しができているからです。もちろん、毛染めとかメークアップ、そして医療のおかげで、ということもあるでしょう。

ところが、浦島太郎のように、竜宮城から帰って来て、玉手箱を開いたら、突然、年寄りになってしまったという場合、これは深刻な外傷体験となることは想像に難くありません。乙姫様のもてなしやタイやヒラメの舞い踊りといった竜宮城での魔法のような生活から一転して、取り返しのつかない形で幻滅し、自分の若さを失うという急激な喪失体験は、私にはもはや他人事ではないのです。

浦島太郎のようなおとぎ話でなくても、たとえば、自分は成功者だと過度に思い込んでいたり、あるいは、自分は愛されているのだと自己愛的世界に執着している人がいます。それが、実は見捨てられていることや、若いころのような美しさが失われてしまったという現実を受け入れられずに、その喪失や現実に目を向けることが強い苦しみを生み出すケースは少なくありません。浦島太郎の場合などは、幻滅に急激に襲われ、外傷体験となってしまう一つの例と考えられます。

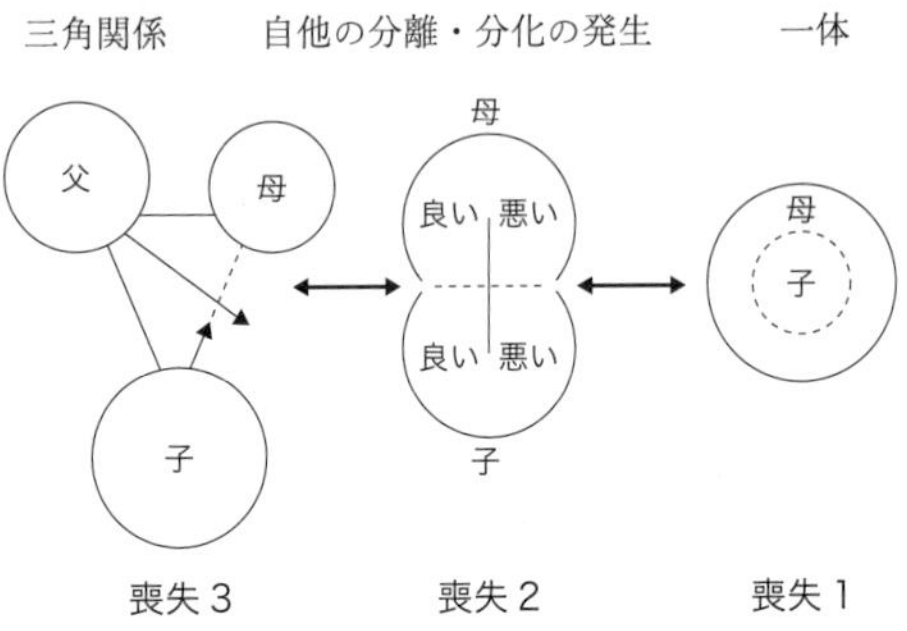

図3-1　喪失の３段階

喪失の三段階

こうした幻滅、すなわち喪失を、伝統的な精神分析では、前章でみた心の発達段階と重ね合わせて、三つに分類して理解してきました（**図3-1**）。その考え方では、私たちは発達の段階で、おおまかにいって三段階の幻滅、喪失を経験するととらえています。

喪失1は、母子一体というように自他が未分化な段階において、母親という愛情対象が失われてしまう場合です。この場合、自分と相手とが一体化しているため、相手の喪失という「対象喪失」によって、自分自身も失われるので、「むなしさ」というよりも自己解体や深刻な空虚を経験することになります。このことを、自分と一体化していた対象が自己とともに剝《は》がされるという意味で、私は「対象剝離《たいしょうはくり》」と呼びます。

喪失2は、自他の分化がかろうじてできている段階での喪失です。この場合は、「良い母親」という自分と愛着関係にあった相手が不在となっても、「良い自分（良い子）」というものがかろうじて存在しています。自己の部分的喪失はありえても、自己全体まで失われることはありません。

しかし、不在や欲求不満をもたらす母親は「悪い母親」として認識され、それに対する自分は見捨てられた「悪い自分(悪い子)」として体験され、同じ相手との関係が良くなったり悪くなったりするのです。つまり、いま泣いたカラスがもう笑うのです。

もちろん相手がいなくなったとしても、かつて満たされていた経験があるので、見果てぬ夢にすがりつくという、非現実的かもしれない期待や理想などで心の中を保つこともできましょう。ただし、対象が喪失されることで、見捨てられた自分の目の前に「むなしさ」が大きく現れることもあります。そして自己の一部も失われて、どうしてよいのかわからなくなり、強い「身なし子」の不安や恐怖に陥ることにもなりますが、でもそこから回復する何かを大きく期待し待つこともできるようになる可能性はあるでしょう。ここが、良いか悪いか、白か黒かという二項対立にはまってしまう、白黒思考になりやすいところで、大きな希望と大きな失望を繰り返します。

喪失3は、自分というものがある程度、確立し、自律的な自己がある段階での喪失です。この段階では、自分と愛着関係にある第二者(母親)との関係性だけではなく、第三者(父親)の存在も意識することになります。そうした他者との関係性を三角関係としてとらえています。自分だけに愛情を注いでくれていると思っていた母親が、実は父親や他のきょうだいとも愛し合う関係を結んでいたということを、子どもは成長するなかで気づかされます。自分と母親との独占的で排他的な二者関係が、父親という第三者が介入することで失われるのですが、母親の喪失と同時に父親を得ることになるのです。ギブアンドテイクであり、希望と失望のバランスが取れて、何かを失いながらも、何かを獲得することになるのです。

自分だけのものと思っていた母親が自分を裏切っていた。喪失3において、そうした相手への独占的依存関係の喪失によって、やはり「むなしさ」を感じますが、移行対象や過去からの経験を生かすことで、単に相手に失望するのではなく、ときには現実的な希望を感じられることも学んでいきます。あるいは、その相手との関係性だけではなく、視野も広がり他の相手との関係性に目を向けるなどもできるようになっていきます。さらには、母親代わりの移行対象だけではなく、父親も「救い」として役立ってくれるかもしれない。そうすれば、自分の一部、世界の一部に「むなしさ」が生じていても、同時に現実的な期待があるので、喪失や幻滅によって完全に絶望してしまうという状態に陥らずにすみます。

浦島太郎の場合、父親がいたという話は聞きません。ひょっとしたら、この喪失3の手前でとまってしまった例かもしれないとも思います。

また、よくいう「むなしさ」には、やりがいのなさ、手応えのなさが含まれますが、これも多くは期待や希望がかなわないという、喪失３における、部分的な喪失や幻滅でしょう。ただ、生きがいがないということになると喪失１や喪失２ということになって、全人格的な空虚につながることもあるでしょう。

人の二面性への気づき

この喪失１から２、そして２から３への移行は別の視点、たとえば前章の移行の**図２-１**と比べてみれば、人の二面性に気づいていく段階論ととらえることもできます。自分と一体化し、自分だけに愛情を注いでくれていたと思っていた母親が不在だったり、欲求不満をもたらしたり、さらには父親やきょうだいとも愛情関係を結んでいた。このことは、母親が自分にも、父親にも愛情を注ぐという二面性をもっているという現実を知ることです。母親の二面性を知り、裏切られた気持ちを覚え、そこに幻滅が生じます。

人は誰でも二面性をもっています。人前では優しくふるまっている母親が家の中では「なんで勉強しないの」と鬼のような形相で怒り出す。子どもの前では偉そうにしている父親が、会社では上司にいつも頭を下げている。絶対的な良い子も絶対的な悪い子もおらず、あるときはやや良い子としてふるまい、あるときは、やや悪い子としてふるまう、というような白黒のバランスをとるようになる。つまり、人には「裏」と「表」という二面性があるのです。

さらにいえば、人間には理性的にふるまう面もあれば、感情や本能の赴くまま動物的な行動に出ることもあります。私たちは人間であり、同時に動物でもあるのです。

こうした二面性を誰もがもっており、私たち自身も二面性とともに生きています。

「私」は相手の二面性に気づき幻滅を覚えると同時に、そのことを認識し、認めていく。そのことは、自分の中にある二面性をも自覚し、認めていくことにつながります。自分の考えをすぐに「表」に出してしまっては、人との衝突が絶えません。だから、自分の本音、本心などは「裏」にいったんしまっておくことが必要です。

あるいは、「表」で良い子にふるまうだけでなく、「裏」でも良い子を通そうとする。つまり、心の中で悪事を考えたり、想像したりすることも許さないという態度は、かなり窮屈ですし、病理に発展する心配もあります。

「裏」というのは心をも意味していることを前述しました。すなわち、人には表だけでなく裏もあることを知ることは、心(=裏)の存在を知り、「私(わたし)」が裏と表を「渡し(わたし)」

て、それについて認識して段階を移行していくことになるのです。

「喪失1.5」が蔓延する現代

こうした三つの喪失段階を経験して、私たちは喪失に慣れ、また必ず訪れる「むなしさ」にも慣れていくことになります。そして、喪失を急激に体験するのではなく、成長・発達の過程の中で、徐々に慣れていけば、深刻な外傷体験にならずにすみます。

私は「慣れる」には、そういうものに「なる」という意味合いがあると思います。つまり、ゴキブリに慣れるとは、ゴキブリに自己の一部が「なる」のでしょう。ゴキブリを自分とまったく異質なものとするのではなく、たとえば生物として自分とどこか重なる部分を認めるわけです。

ところが、この喪失の三段階を緩やかに移行するのではなく、突如として経験させられ、それが深刻な外傷体験となってしまう場合があります。そのことによって、喪失1から喪失2へというふうに、喪失の階段をうまく移行することができず、踏み外し、それぞれの喪失段階にとどまり、そこに拘泥してしまうことがあります。その段階で、急激な喪失が訪れたり、虐待などによって満たされる経験そのものをもてなかったりすることで、傷つきや幻滅が生じます。

あるいは、逆に過度に満足を覚えることで、執着し、次への移行に困難が生じるのです。こうした状態を「固着」とも呼びます。

たとえば、自他が未分化のときに親を失うなどの大きな喪失を体験し、その後も親に代わるケアを十分に与えられなかったことなどで、喪失1や喪失2にとどまり、そのことが以降の発達段階においても様々に心の成長の歪みに作用してしまうといった場合が考えられます。

そのため、成人してからも他者との関係性をうまく築くことができず、相手に過度に依存するなど、相手との一体感を強く求めてしまうなどします。そんな相手が自分のもとを去っていったら、相手を失ったという喪失感だけではなく、自分自身さえも失ってしまうという深刻な「むなしさ」に襲われることになってしまいます。

喪失2、喪失3の段階についても同様に、ある程度成長してからも、それぞれの喪失段階に固着し、拘泥して、心が不安定になってしまうケースがあります。

伝統的な精神分析では、このように喪失1の段階にとどまり、そこに拘泥してしまっている状態を精神病とし、また喪失2に拘泥している状態をボーダーラインとし、喪失3に拘泥している状態を神経症ととらえることがありました。

こうした分類はわかりやすいので、喪失について考えるうえで、私たちの理解を助けてきたのですが、現代社会では、こうした分類が一概に当てはまらない場合が増えています。新たに「発達障害」という概念が登場したり、精神病の軽症化も起こって、はっきりとした「精神病」、はっきりとした「神経症」というふうに分けられないことに私の関心は向かうのです。

他者との関係性において、あるときは喪失1が起き、別の関係性では喪失2、もしくは喪失3が起きる。自分自身さえも失ってしまうような「むなしさ」を覚えて打ちひしがれたり、自分の大切な相手との関係性が失われてしまうのではないかと強く不安にかられたりということが、一人の人間の中にも入り混じって起きているのです。だから、そうした状態を「精神病」とか、「神経症」であるとはっきり区別することは以前より限られてきているように思います。

したがって、喪失1から喪失3までの三段階がはっきりと区別されているのではありません。図の矢印が双方向になっているように、事態はそれぞれの間を移行中で、グラデーションに近いような状態になっており、今日では多くの人が「喪失1.5」や「喪失2.5」と呼ぶような状態を生きていると、私は考えます。たとえば、スマホは自他の間を橋渡しする移行対象のようなものですが、「スマホがつながらない」だけで、深刻なパニックになる心理を経験できるでしょう。

喪失を段階的に経験して、うまく現実と自分の心の橋渡しができるような状態に移行していくことが難しくて、喪失1から喪失3のグラデーションの中でいろんな「むなしさ」に襲われ、打ちひしがれてしまう。突然の喪失や急激な幻滅のために、真空に吸い込まれるような空虚感や、一過性の「むなしさ」に、普通とされている人さえも呑み込まれてしまう。そんな時代を私たちは生きていると私は考えます。

「喪失」という経験の喪失

では、なぜ「喪失1.5」と呼ぶような時代が訪れているのでしょうか。これは第1章でみたように、私たちの生きている時代が、「喪失」を喪失した時代であることと大きく関係していま す。言葉や情報、ものがあふれ、空間的にも時間的にも、そして心理的にも「間」を感じさせないような仕組みが、私たちの社会にははりめぐらされています。

たとえば、かつてテレビなどはチャンネル数や放送時間も限られており、夜中は放送がされていませんでした。ところが現在は、地上波にBS、有料放送・有料配信なども含めれば無数にチャンネルがあります。放送されたものを見逃しても、その番組が放送後も配信されていて、自分の好きなときに観ることもできる。夜中にだって、テレビを楽しむことができます。

こうした状況で、私たちは発達の過程で「喪失」という経験を繰り返し、それに慣れていくということが少なくなっているようです。

ウィニコットの考え方でいえば、脱錯覚に至る過程で、子どもは移行対象を見つけることにより、うまく自分の心と現実を橋渡しできるようになっていきます。この移行対象を、子どもたちは自分で探しながら、その移行中に自力で創造していくのです。それは、厳密には親から与えられたものであっても、子どもが見つけて創り出すというクリエイションのプロセスこそが大事なのです。日常でも、たとえば、子どもが汚いタオルを絶対の依存対象にしているようなケースがありますが、分離や別離に対してその移行期に子どもが対処法を創造した価値は計り知れません。

ところが、今日の社会では、移行対象とされるものを自力で見つけ出さなくても、すでに外側に様々なものが用意され、様々な仕組みが整えられています。子どもにスマホを与えておけば、ユーチューブで無数の動画を楽しむことができ、母の不在によって生じた「間」をどうするかという課題に直面しなくてもすんでしまいそうです。現代では「間」を埋めるものが、周囲にあふれているのです。

こうしたなかで、私たちは喪失を経験し、それを自力で乗り越えていくことを繰り返しながら、うまくこなしていくということができにくくなっています。喪失に慣れておらず、突然現れた「間」にどうしていいかわからず、極度に不安になり、おびえ、深刻な「むなしさ」に打ちひしがれてしまうということが少なくないのです。

相手に送ったメールに返事が来ない。そんなとき、多くの人がそのように生じた「間」を、簡単にやり過ごすことができません。嫌われたのではないか。自分が何か悪いことをしたのではないか。もう相手との関係が破綻してしまうのではないか……。そんな強い不安に襲われます。そうした不安が募れば、自分は価値の低い人間なのではないかといった深い「むなしさ」が訪れ、心が塞《ふさ》ぎ込んでしまうということも、特別の人だけに起こることではけっしてありません。

かつては、自分の欲しいものなど、簡単に手に入らないという感覚は当たり前だった。自分の思い通りにいかないことがたくさんあった。でも、いまはそうしたことに耐えられない。何かがないこと、喪失していること、すなわち「間」があることが非日常として意識されるのです。

「間」が生じたら、瞬時に埋めないと気がすみません。それでも、「間」が埋められないとき、あるいは、突然に喪失が訪れたとき、私たちは深刻な「むなしさ」に襲われ、どうしてよいのかわからず途方に暮れてしまいます。だから、「間」や「むなしさ」を事前に回避しようという悪循環に陥っているのが、多くの現代人の姿なのではないでしょうか。

「間」から生まれる心配、懸念、悩み……

現代に生きる私たちが「喪失」に慣れておらず、「間」に耐えることが難しいということについて、もう少し考えてみましょう。

たとえば、いまみたメールの返事がない場合もそうですが、何もすることがなく、時間が空いてしまったという「間」が生じたときのことを考えてみてください。もしくは、いま読んでいるこの本を閉じて、むりやり「間」というものをつくってみてください。そんなとき、どんな考えや過去の記憶などが心に思い浮かぶでしょうか。

たとえば、貪り食うように読み続けていたいのに、「読むのをやめなさい」という不条理な命令を聞いて、放り出されたなら、幸せな気持ちで心が満たされるという人は、あまりいないでしょう。たいてい、怒りや被害的な考えが心に浮かんできたりすると思います。この章の冒頭で述べた迷子になったときのような恐怖を感じた体験であったり、これからしなければならない仕事のことであったり、うまくいっていない他者との関係についてであったり、たいていは嫌なことやろくでもないことが浮かんでくるでしょう。

ここでよく思い出されるのは、乳幼児期にはふらふら遊んでいられたのに、ある日突然、親に「いつまでも遊んでいないで勉強しなさい」と言われることです。いつ寝ても良かったのが、突然、移行期もなく、早く寝なさいと言われ始める。そうすると、突然訪れた喪失によって、私たちの心の中に負の記憶、負の感情が巻き起こるからです。

そのうえ、私の過去の恐怖体験ということでいえば、こんな経験があります。私の実家は京都駅のすぐそばにありました。子どものころ、駅前にあったデパートの屋上からは、私の家が見えました。ある日、そこでふらふら遊んでいたとき、デパートから自宅のほうを眺めると、火事が発生していたのです。私は自宅が火事になっているのではないかと思い、急いで帰ったのですが、火事が起きているのは別の場所でした。

これは、私にはとても恐ろしい経験として記憶され、一〇代のころには何度も夢にも出てきました。その後も、帰宅途中で家に近づいたとき、ふと「間」が生じると、あの角を曲がったら家が燃えていたりしないだろうか、という恐怖がよみがえることがありました。このように「間」は「魔」になりやすいのです。

私たちの心に嫌なこと、悪い予感が次々と起こってしまうことを、晩年のフロイトは「死の欲動論」という理論で分析を試みました。周知のように、それまでのフロイトは性欲説を自身の理論の中心に置きました。簡単にいってしまえば、人の行動は無意識の欲望によってなされていると考え、それによって人の行動や病理を理解しようとしました。

しかし、私たちが悪夢をみることや、嫌なことを心に思い浮かべることを望んでいるとは思えません。ところがフロイトは、これも人の本能的な欲望の表れであると分析しました。つまり人には不幸を求める本能が備わっていると考えたのです。これが「死の欲動論」です。平和が続くと、必ず戦争が起きる。それは、私たちの中に、怒りや憎しみなどの攻撃的な性質が生まれつき備わっていて、何らかの形で吐き出すことを欲動として求めているというのです。

ここで、よく「本能」といわれているものを精神分析が「欲動」と呼んでいるのは、本能は目標をもっているが、欲動は目標を見失っているという違いがあります。熊は本能のままエサや敵に食いつくのですが、私たち人間は、特に乳幼児期においては未熟なので、何かに食いつきたくても何を食っていいのかわかりません。だから食べ物ではないものなどにかみついたりする。あるいは、小さな希望をちっぽけなものとして見捨ててしまうこともある。そう考えると、目標を見失った欲動で動かされる人間のほうが恐ろしい悪魔を、心の内にもっていることになります。

次章でみる日本神話に登場するイザナギや「鶴の恩返し」の男性主人公（「夕鶴」の与ひょう）などでも、彼らは大人であるはずなのに、この悪魔が愛しい人を無意識に傷つけていて、見殺しにしていたのかもしれません。

こうした考えには、異論も多くありますが、私はここには深い洞察も含まれていると感じています。人の心の中に憎しみや怒りがあること、けっして平和だけを望むのではなく、破壊や破綻も心のどこかで望んでいること、そうした自分の心の中の悪魔という負の部分を認めることは重要なことです。「自分も悪い」ということを認めたうえで、どう行動するか、どう対応するか、という課題も自覚されてくると考えます。

とはいえ、ここでは「間」が生じたとき、心に嫌なことが浮かぶのは、過去の外傷体験や自らの攻撃性と関連しているということを指摘し、フロイトの説は簡単な紹介にとどめます。

いずれにしても、「喪失」を喪失した時代に生きる私たちは、移行期の「間」に耐えるのが苦手であること、そして「間」は容易に「魔」になってしまうということをここで改めて確認しておきます。

第4章　「むなしさ」はすまない

――白黒思考と「心の沼」

愛する対象を喪失したり、期待が裏切られたりすることで、「間」や空虚が生じ「むなしさ」が訪れることをみてきました。また、こうした心の外側で体験した喪失や裏切り、そして幻滅は、心の内側の「むなしさ」にも連動していくことも解説しました。心の内側の「むなしさ」によって、自分が生きている意味はないのではないか、自分に存在価値がないのではないか、といった自責の念などが強まる場合があります。本章では、ここまでの考察を活かしながら、主に心の内側で起きる「むなしさ」と心の仕組みについて分析を進めていきます。そのうえで、私たちは「むなしさ」にどう向き合うのがよいのか、どう付き合うべきかなどを考えてみます。

急激な幻滅の訪れ

幻滅や喪失が緩慢に訪れるのではなく、急激に訪れたとき、それが深刻な外傷体験となってしまうことを前章で述べました。玉手箱を開いて急に年寄りになってしまった浦島太郎が、年寄りのまま幸せに過ごしたという結末を普通は想定しません。いろいろな説がありますが、浦島太郎が竜宮城から自分の村に戻ってきたとき、三〇〇年、あるいは七〇〇年経っていたなどとされています。玉手箱を開いた後、発狂してしまったかもしれませんし、老衰でほどなくして亡くなってしまったかもしれませんし、ショックですぐに命を落としてしまったかもしれません。

いずれにせよ、あっという間に幻滅が起き、それが深刻な外傷体験を引き起こし、短期間のうちに悲劇的な結末を迎えています。

神話、昔話にみる幻滅と破局

実は、日本の神話や昔話には、こうした急な幻滅とともに喪失の悲劇を迎えるというストーリーが少なくありません。たとえば、日本神話「イザナギ・イザナミ神話」などもそうです。

父神であるイザナギと母神であるイザナミが結婚し、次々と神々が生まれます。しかし、最後に火の神を生んだ際に、イザナミは陰《ほと》、すなわち生殖器に火傷を負ってしまい、黄泉《よみ》の国に葬られてしまいます。

イザナギは「この国をつくりおえず」として、イザナミを黄泉の国から呼び戻しに行きます。そのとき、イザナミは奥に隠れ、黄泉の大王に相談して来るので、それまで「見てくれるな」と禁止を課します。にもかかわらず、イザナギは火を灯《とも》して見てしまいます。すると、そこにはイザナミが腐乱した姿で横たわっていました。

あまりの恐ろしさに、イザナギは逃げ出します。自分の姿を見られ恥をかいたイザナミは、醜女《しこめ》にイザナギを追いかけさせ自らも追いかけます。そして、黄泉の国の境まで逃げてきたイザナギは、大きな岩でその境をふさぎました。イザナミは、「あなたの国の人を一日に一〇〇〇人殺してしまおう」と言い、それに対しイザナギは、「それなら、私は一日に一五〇〇人の人を生もう」と返しました。それ以来、一日に多くの人が死に、さらに多くの人が生まれるようになります。その後、イザナギは「汚い国」に行ってきたと言い、禊《みそぎ》を行いました。

これが「イザナギ・イザナミ神話」の簡単なあらすじですが、日本における最初の不潔恐怖の記録ともいわれています。ここでもイザナギが愛するイザナミの腐乱した姿を見るという、急な幻滅に遭遇し、逃げ出しています。そして、イザナミが戻ってこないように黄泉の国の境に蓋をしてしまいます。

私は、この腐乱したイザナミとは、今から考えると、生と死の境目を彷徨《さまよ》っていた「病人」であったという可能性もあると思います。医療がほとんど皆無であった時代では、生と死の不分明な状態が、誰も取り扱うことができないタブーの領域だったのでしょう。そして、それは「もがり」と呼ばれ、遺体を埋葬せず安置しておく移行期間であると理解されています。

また昔話「鶴の恩返し」も同様です。劇作家の木下順二が「夕鶴」として戯曲化しており、登場人物の心の動きを見事に描き出しているので、「鶴の恩返し」について考える際、私はこの「夕鶴」を取り上げます。「夕鶴」では、主人公の与ひょうが鶴を助けたのち、つうと名乗る女性が現れ、与ひょうと結婚します。つうは「反物を織っている間は部屋をのぞかないでほしい」と告げ、見事な反物を織り上げます。その反物は高値で売れました。与ひょうは、つうにさらに反物を織ることを要求し、しかも村の仲間にそそのかされて、つうとの約束を破り、反物を織っているところをのぞいてしまいます。すると、そこには、自分の羽をむしって、傷つきながら反物を織る鶴の姿がありました。それを見た与ひょうはショックを受け、また自分が鶴であることが発覚してしまったつうは、鶴の姿となって去っていきます。

ここでも部屋をのぞいたら、妻が鶴であったという急な幻滅が起こり、鶴が去っていってしまうという悲劇が訪れます。彼女は、その献身のために傷ついていたのであり、怪我をした「病人」なのですが、異類として扱われ恥を感じさせられたようです。

ちなみに、「浦島太郎」も「夕鶴」も「イザナギ・イザナミ神話」も、「見てはいけない」という禁止を課されているのに、その禁止を破ることによって悲劇が生じています。このような共通した展開点が、日本の昔話や神話に多く登場します。私はこれを「見るなの禁止」と名付け、多くの日本人がもつタブーに関わる心性を象徴しているものと分析しています(詳しくは拙著『定版　見るなの禁止――日本語臨床の深層』(岩崎学術出版社、二〇一七年)を参照してください)。

幻滅の後も人生は続く――時間をかけることの意味

「浦島太郎」をはじめ、いまみてきた神話や昔話はいずれも急な幻滅が発生し、続いて短期間での悲劇的な展開を迎えています。ゆっくりと時間をかけて幻滅を経験するのでもなく、また幻滅を経験した後も、時間をかけてそれを受け止めるのでもありません。皆、慌てているのです。

逆の見方をすれば、急な幻滅による悲劇的な展開を回避する、あるいはこなすためには、時間をかけることが必要なのです。何らかの移行対象や、次の希望や夢を自分で見つけて、移行期という時間をかけることで、目の前で起きた幻滅を自分の中でうまく橋渡ししていく。そのように時間をかけることができたのなら、悲劇の結末は変わっていたかもしれません。

もちろん悲劇の主人公たちには、そんな余裕はないのです。玉手箱を開けた途端に年寄りになってしまうのを、浦島太郎が抗うことはできません。

しかし、この物語を受け手としてその全体を眺めている私たちには、時間をかけて別のストーリーを考えることもできます。「夕鶴」の与ひょうは、つうが鶴となって去っていったとき、ただ途方に暮れて悲劇に身を任せるのではなく、鶴を追いかけていくこともできたかもしれない。あるいは、それ以前に、去っていくのを思いとどまらせることができたかもしれない。「イザナギ・イザナミ神話」でいえば、傷ついたイザナミを見たイザナギは、そこから逃げ出さずに、別の方法でイザナミに向き合い、破局を回避できたかもしれません。浦島太郎だって、乙姫様に「開けてはいけません」と言われた玉手箱をすぐに開けずに、自分が置かれている状況について、時間をかけて認識していき、何らかの術を見つけることができたかもしれません。

少なくとも、私たちは時間をかけて、別のストーリー(すなわち、登場人物たちが時間をかけて他の対処をするというストーリー)を考えることができます。つまり、こうした物語の主人公と違って、私たちには時間が与えられているのです。

しかも、仮に私たちが、こうした主人公たちと同じように急な幻滅に遭遇したとしても、私たちの人生はそれで終わってしまうわけではありません。多くの場合、人生という物語は、急な幻滅と悲劇の展開で終わることなく、その後もだらだらと続いていきます。生きている限り明日は必ずやってきます。そして日常という時間を過ごさなければなりません。ましてや、現代は長寿社会といわれ、私たちはかつてよりも長い人生を送ることになっています。
こうした意味でも、私たちには時間が与えられているのです。

待つこと、「間」に立ち続けること

物事を解決したり、何らかの対処をしたりするためには、時間が必要です。時間をかけるというのは「間《あいだ》」が生じるということです。「間《あいだ》」というのは、本書で何度も登場してきた「間《ま》」のことです。日本語では両方とも同じ漢字で表記します。空間的な広がりとしての「間」であり、時間的な長さとしての「間」のことです。

心の病気を治すためにも時間が必要です。すぐに治らないからと絶望してしまえば、病気を治すどころではなくなってしまいます。時間をかけて徐々に治っていくという「間」を経験しなければなりません。すぐに効くという怪しい「特効薬」に手を出してしまうことは危険です。私のような精神分析的な臨床を行う専門家は、患者さんとじっくり向き合い、時間をかけて治療していくということを重視します。患者さんが「早く治さなければ」と焦っている場合、まずは心を落ち着かせることを最優先させます。

病気の治療でなくても、大切な相手との関係性にひびが入ってしまったという場合、早急に相手を見限って、関係性を絶ってしまうのではなく、時間をかければ、予期せぬ結果が生まれるかもしれません。そこが、希望と絶望が交替する移行の期間なのです。心の問題に関する原則は、時こそ「解《と》き」であり、時間が解決するということなのです。

しかし待っている時間を過ごすこと、すなわち結論を急がずに、結論に至るまでの「間」に立ち続けるというのは、簡単なことではありません。そこは、どっちつかずの中間的な領域です。結論の出ていない未処理のものが、そのまま置かれているところです。良い結果が出るかもしれないし、悪い結果が出るかもしれない。でも、少しでも良い結果が出ることを期待しながら、待つ、時間をかける。それが「間」を生きるということです。

ところが、これまでみてきたように、現代を生きる私たちは「間」というものに耐えられない傾向が強まっています。結論を急ぐし、すぐに結果が出ることをのぞみます。そして「間」が生じて「むなしさ」に襲われることを回避しようとするし、また回避しようとする仕組みがはりめぐらされているのです。

二面性を受け入れる

「間」というのは、白か黒かのどちらかではなく、その中間の領域を指します。白でもあり、黒でもあるような、もしくは、白でもないし、黒でもない。そのようなどっちつかずの状態にあるのが「間」です。白か黒かと割り切れない状態です。

前章で、私たちは発達段階で喪失を経験するなかで、人に二面性があることを認識していくと指摘しました。人には表があり、裏がある。良い面もあれば、悪い面もあるのが当然です。外向けの表の顔があれば、本音という裏をもっているのが人間です。その人の一面だけをみて、白であるとか、黒であると決めつけるのは危険です。白という部分もあれば、黒という部分もあるのが人間なのです。

しかし、白黒の二面性を理解して生きていくというのは、とても難しく、私たちにとって大きな課題です。つまり「間」に立ち、そこを生きることの難しさが、こうした視点からもうかがえます。

ともすると人は、その人の一面しかみずに、その人がどういう人かと決めつけたがります。たとえば、明るく華やかにふるまっている芸能人や文化人が、実生活では、人嫌いで、暗い性格であるという裏があることを想像しません。そして、そうした裏を見せられたとき、途端に幻滅を覚え、その人を全否定してしまいがちです。

「夕鶴」のつうが鶴でもあったことを知って与ひょうが幻滅を覚えるように、二面性や多面性をもった存在は、たいてい化け物のような存在として扱われます。実は、彼女は鶴でありながら人間であるという二面性のある存在なのですが、それがわからず「鶴か人間か」のどちらかになっています。そうした白黒思考の悲劇を語る神話や昔話などは数えきれません。

ギリシャ神話の「エディプス王」でも、人間の女性の顔と乳房を備えながら、身体がライオンのスフィンクスは、古代エジプトの都市テーバイに住む人びとを苦しめる存在として描かれます。旅人を捕まえては「朝は四本足、昼は二本足、夜は三本足のものは何か」という多面性に満ちた謎を出し、解けない者を殺して食べてしまいます。しかし、その謎を出されたエディプスは「それは人間である」と答え、スフィンクスという怪物は退治されてしまいます。人魚姫なども、人間の姿になって愛した王子に近づきますが、その愛はむくわれず悲劇的な結末を迎えます。

人は発達段階で人の二面性や多面性についての認識の機会を得ながら、でも、それらを恐れ、気持ちの悪い、割り切れなくて落ち着かないものとして処理してしまいやすいのです。

二面性を知ることで深まる認識

しかし、私たちの生きている現実は、白か黒かと割り切ることのできないものに囲まれています。絶対的に良い人もいなければ、絶対的に悪い人もない。良い面もあれば、悪い面もあるのが普通です。

育児などでも、子どもの悪い面ばかりをみてひたすら叱り続けるのは、その子の発達に悪い影響をもたらし、適切な対応とはいえません。悪いことをするけれど、こんな良いことをするときもあるという両方の面をみて、ときには叱ったり、ときにはほめたり、なだめたり、という対応が親には求められるでしょう。

二面性を認識するということは、人や世界の多面性を知り、その奥深さを知ることにもつながります。人にも文化にも成熟をもたらします。

古代エジプトの壁画に描かれている絵などは、ほとんど横向きの平面的な顔しか描かれていませんが、歴史とともに絵画の技法が発達していくなかで、人間を立体的に描けるようになり、遠近法などで空間の奥行きを表現できるようになっていきました。このことは、人間にとって大きな進歩です。人や世界を多面的に理解し、多面的に描くことができるように進歩していったのです。

物語などでも、子どもが好きなヒーローものの特撮ドラマでは、ヒーローは疑いのない絶対的な正義として描かれ、やはり絶対的な悪を退治するというストーリーでつくられています。

しかし、ヒーローが正義を行うのはなぜか、悪役が悪事に手を染めることになったのはなぜか。そうした視点から、それぞれの生い立ちや背景などを描き出せば、物語に奥行きが現れ、世界は単なる勧善懲悪ものではなくなるでしょう。

二面性や多面性を受け入れず、どっちつかずの中間領域に立ち止まることを避け、周囲は白か黒かを決めたがっているのです。「みんな」は、時間をかけずに結論を急ぎたがります。ネットなどに目を向ければ、「正義」を振りかざし、常に誰かを「悪者」にして吊るし上げるような言説があふれています。戦争などが起きると、敵対国やそこに生きる人びとを「絶対悪」とする情報戦が繰り広げられ、国民もそれに乗せられてしまうという歴史を人類は何度も繰り返してきています。

先の「エディプス王」では、スフィンクスの出す謎に正答し、スフィンクスを退治したエディプスは、自分の結婚した妃が実は母親であったことを知ります。そして、そのことを見抜けなかったことで幻滅し、自分の眼をつぶしてしまいます。多面性を備えた化け物を退治して退けたが、自分の妃が妻でもあり母でもあったという二面性を見抜けず、受け入れられなかったが故の悲劇ととらえることもできます。

欧米の精神分析学では、人は乳幼児期に人の二面性を認識し、受け入れることができるようになるとする専門家もいます。確かに、発達段階で幻滅によって二面性を知るという経験をすることになりますが、それを受け入れながら認識を深めて生きるというのは、人にとっては一生の課題なのではないか、と私は考えます。

吐き出してすっきりしたいが

どっちつかずで、結論の出ていない、価値のはっきりしていない「間」に立ち続けていると、私たちは落ち着かない気持ちになります。イライラしたり、モヤモヤした気持ちとなります。自分の病気は治るのか、治らないのか。あの人は自分にとって良い人なのか、悪い人なのか。そうした割り切ることのできない不安が生じます。

「モヤモヤ」とか、「イライラ」といった言葉自体が、とらえどころのない、名前の付けようのない感覚を表しています。要するに、すっきりしない気持ちです。

人は、すっきりしないもの、気持ちの悪いものを体内に抱え込んだとき、それを吐き出して、すっきりしたいと生理的に感じます。心の場合も同じです。自分にとって理解できない、割り切れない、未消化のものを心に置いておくことは気持ちが悪く、吐き出してしまいたいと反射的に感じるのです。

日本語の「かみしめる」「かみくだく」「飲み込む」「こなす」という言葉は文字通り身体的な行為を意味するだけでなく、「理解する」「納得する」「修得する」といった心理的な作用にも使います。「腑に落ちる」などは、心理的な作用を身体の比喩に使った表現です。このように心の機能は、身体的な機能と重なっており、実際、連動しているのです。だから、「清濁併《あわ》せ呑む」など、言うのは簡単ですが、行うのは本当に難しいことであり、確かに吐き気を感じそうです。

心をゴミで埋めようとする

モヤモヤやイライラという未消化物を吐き出してすっきりさせたい。あいつは私を裏切ったんだ、悪い奴なんだ。たとえば、そう決めつけて、モヤモヤとした中途半端な気持ちを吐き出して、心の中からその存在を割り切って消し去ってしまう。そうすれば、一時はすっきりします。

たとえば、私の好きな野球では、相手の選手をアウトにするのを「捕殺」とか「刺殺」などといい、野蛮な言葉に満ちています。ですから、そこでは物事がすっきりとさばかれて、一塁で刺され、二塁を盗み、三塁で殺されるのも、敵チームをやっつけたり潰したりも、私にはもうたまりません。こういう「排出」は心の健康のために大事な心の営みであり、カタルシス(浄化)という効果があります。

しかし、私たちは吐き出したままではいられません。多くの人があまり気がついてないのですが、心から何かを吐き出す度に、心に風穴や空洞が後にできる可能性があります。そこに再び登場するのが「間」であり、そこからも「むなしさ」が生まれてきます。前章でみたように「間」に耐えられない私たちは、早く何かで埋めたいという気持ちに駆られます。つまり、呼吸と同じように、吐き出しただけではすまず、何かを吸い込んで「間」を埋めたいと反射的に感じるのです。

では、このとき、私たちは何を吸い込むのか。高揚感のあるスポーツやコンサートなどでは、当日の夜に美酒に酔うというのがありますが、問題はその翌日です。

もしも、まるで深呼吸のように吐き出した後、過去の喪失や幻滅のつらい記憶など、良くないものを吸い込むなら、さらなる不安や悪い予感などで心の空洞が埋められてしまいます。心から吐き出すことで存在を消し去ってしまったはずの相手が、裏で私の悪口を言いふらしているのではないか、仕返しされるのではないか。そんな新たな不安が、また心に広がっていきます。こうしたときにも「間」は「魔」となってしまうのです。

あるいは、私たちは心の空洞を急いで埋めようとして、つまみ食いを始めたりもします。不安の原因である人や現象について、一面的・断片的な情報ばかりをかき集めて、それでさらに不安や不信を強めていくということがよくあります。

患者さんに教えてもらったことですが、「つまみ食いは化け物をつくる」などと言われます。自分にとって都合の良い情報、あるいは都合の悪い情報ばかりを集め、そうした一面的な部分ばかりで「全体はこうなんだ」「真実はこうなんだ」と想像してしまうと、現実と乖離した思い込みが生じてしまいます。断片的で悪い情報ばかりをまとまりなく集めれば、不安がかえって強まりますし、逆に良い情報ばかりを集めて誇大的な妄想に浸りながら、それが現実とは違うことを思い知らされれば、それは新たな幻滅となってしまいます。

部分をいくら集めても、本当の全体はみえてきません。ある人の手だけ、足だけ、顔だけをみても、その人全体の人格などはけっしてみえてきません。つまみ食いで何かを決めたり、思い込んだりすることは危険なことなのです。

このように心に生じたイライラやモヤモヤなどの未消化物を吐き出したとしても、私たちはロクでもないものを吸い込んでしまい、心の空洞を、いわばゴミで埋めてしまうような状態をつくり出してしまいます。

そして心にゴミばかりが溜まっていけば、それは深刻な混乱にも発展してしまいます。

モヤモヤは心の「溜め池」に置いておく

先に私は心が空間であることを指摘しましたが、その心の空間には無限のスペースがあるのではないかと考えています。だから、モヤモヤやイライラといった割り切れない未消化物を、気持ち悪いとすぐに吐き出すのではなく、心の中に置いておくことができます。つまり、汚点も、濁った気持ちも、不純な考えも心に置いておけるのです。それが、「むなしさ」を抱える心の底にある「心の沼」につながるのですが、これは、この章の後半で述べることになるでしょう。

そのように未消化物を置いておく場所が、目の前の地上からなくなっても、心の中に本来はあるはずなのです。

モヤモヤやイライラを吐き出しても、心の中に次々に「すき間」が生じて「むなしさ」が生じます。それは埋めたくても、なかなか埋めることができない。でも逆の見方をすれば、埋めようとするから苦しくなるのです。

心から吐き出すことで、確かに心のスペースの圧力が下がり陰圧となっているのかもしれません。それが「むなしい」という状態ですが、その苦痛のために圧力を普通にしようとして、反射的に何かどうしようもないものを吸い込んで埋めようとしていることがあります。しかし、心の機能は呼吸とは違って、吐いた後ですぐに吸い込まなくても、窒息はしないのです。

また、心のスペースはすでに過去の体験の蓄積があり、良いアイデアも生まれるとすれば、それを踏まえて建て直すこともありそうなので、陰圧は急いで埋める必要はないかもしれません。

可能なら、良い考えが出てくるまで、しばし心に現れた陰圧を感じながら「むなしさ」を味わい、時間をかけて、それをかみしめることが、とても大切な経験だと私は考えます(これは、本書の提案でもあるので、次章でさらに詳しく触れます)。

そして、割り切れないもの、消化できないもの、未処理のもの、中途半端で矛盾しているもの、そうしたものを心の、いわば「溜め池」のようなところに、そのまま置いておく。そして時間をかける。そうした心の余裕をもつことができるかどうかが、「むなしさ」をうまくこなすことにもつながってきます。

ため息をついても幸せは逃げない

「生きがい」という言葉は、英語などには該当するものがなく、日本語の「ikigai」がそのまま使われていたりもします。生きがいの「がい(甲斐)」は効果や価値のあることを意味し、「甲斐があった」といえば、ある行為をやっただけの価値があったことを指します。いま「生きがい」論が流行っており、生きていくうえでの目標をどう見つけるかといったことなどがよく語られます。

私たちは何かをしたときに、その「甲斐」としての反応や手応えを欲しがります。しかし、それが得られないことが多く、それが部分的に「むなしい」という状態です。そして「むなしさ」それ自体は、ただ「甲斐がない」ということなのですから、そこに積極的な価値があるわけでもありません。また、この章の前半部分でみたように「間」というのは、中間領域にあって、何らかの価値判断が下されていない状態です。

つまり、私たちは生きるうえで、「生きがい」のない状態である「むなしさ」を避けることはできず、多かれ少なかれ体験しなければなりません。その状態を意味のないこと、無駄として吐き出してしまえば、人生は奥行きもなく、息苦しいものになってしまうでしょう。

ため息をつくと幸せが逃げるなどといわれます。でも、私は、ときどきため息をつくぐらいのほうがいいと思っています。ため息というのは、自分ではどうしようもない、仕方がない、救いようがないと感じたときに出るものです。急いで何かをするのでもなく、その場に立ち止まって「ま、いいか」とため息をつく。それは、どっちつかずの「間」に身を置き、自分の心に現れた「むなしさ」の価値を認識する経験でもあると、私は考えます。

怒りの内向と自虐

相手が自分の思った通りの人ではなかったとか、自分が期待していた通りの結果にならなかったというとき、私たちは喪失感や幻滅を覚え、心に「むなしさ」が訪れます。そんなとき、湧いてくるイライラやモヤモヤを完全に吐き出して、そして新たに何かを吸って心の空洞を埋めようと焦るのではなく、イライラやモヤモヤをそのまま置いておく、時間をかける。そういうことが重要であるにもかかわらず、ここまでみてきたように、それがとても難しいのです。

イライラやモヤモヤを焦って解消しようとしても解消できないとき、すなわち心の「間」を焦って埋めようとしても埋められないと気づいたとき、それをやり過ごすことができずに、自分を責め、自分に怒りをぶつけてしまうことがあります。

物事が思い通りに進まないとき、子どもが唇をギュッとかんだり、自分の指をかんだり、あるいは自分の頭を壁にぶつけたりすることがあります。これは「怒りの内向」あるいは「自己への向け換え」と理解できます。

とにかく日本語には、「粉骨砕身《ふんこつさいしん》」「一生懸命」もそうだし、すぐにいわれる「身を削る」「必死で」のように、自虐を勧める傾向があります。「ため息は命を削る」というのも同様で、さしたる根拠はないと思うのですが、いかがでしょう。

心がすっきりしないとき、この怒りの内向と同様の自虐や自責が起きることがあります。相手が自分の思う通りの人ではなかったのは、実は相手が自分を嫌っているからではないか。自分は嫌われても仕方のない、価値のない人間なのではないか。自分が周囲に甘えているのは自己中心的で、自分勝手ではないかとか、人から相手にされる資格のない人間なのではないか、といった具合です。日本人は外向きに怒りを感じるのが苦手だとよくいわれ、私たちは怒りを内向させがちです。でもそれでは、心に「置いた」ことにはなりません。

「すまない」と「すませたい」

先に、ため息をつくことは悪いことではないと申しました。あるいは、「くそっ」などと外に向けてつぶやいたりすることなども同様です。イライラやモヤモヤを完全に吐き出すのではなく、ふっと息を吐いたり、短い言葉で思いを吐き出したりすることで、やり過ごす。そして、立ち止まり、良い空気を吸って心に余裕をもたせる。それは、ある意味、理想的なことでしょう。

私は、海で、川で、湖で、そしてプールで泳ぎながら、多くの怒りを吐き出してきました。たまにクソとか、死ねとか呪文の言葉をつぶやいて過ごすのです。ただ吐き出すだけであり、あそこで吸い込む空気はうまくて、心の浄化にとても良いと思っています。

怒りを吐き出せなくて溜まると、やり過ごすことができず、怒りの内向がさらに進んでしまうと、それは自責の念へと転化してしまいます。うしろめたい、すまないという気持ちを強めていくことになります。「すまない(澄まない・済まない)」という言葉は「すんでいない(澄んでいない・済んでいない)」という意味であり、相手との間柄(関係性)や自分の心の中が濁っていて、乱れていて、落ち着かないという感覚を表しているととらえることができます。すなわち、すんでいるピュアな状態が理想化されているのです。

不純、不浄、不満は心の不純物です。これらの処理に焦ると、物事に対して「あれかこれか」、白か黒かの判断だけになるでしょう。物事を白か黒かで判断する白黒思考に固まっていると、すまない状態を抱えていることに耐えられません。すまないもの、未処理のものを心に置いておくことができず、すませてしまいたいと焦ります。それでも、すませることができず、簡単にすまないので、焦りばかりが募ると、自責の念を強めることにもなります。

それがさらに強まれば、「自分さえいなければ」とか「自分は生きている価値のない人間だ」と自ら人生の舞台から潔く退場する道を選んでしまうことにもなりかねません。

元首相が選挙演説中に殺害されたことをきっかけに、政治と新興宗教との「ズブズブ」の癒着の問題が明るみになり注目されました。新興宗教が信者を獲得する仕組みをみていると、この自責の念をうまく利用しているように思えます。あなたは罪深い存在である。その罪を解消するためには、私たちの教団にお金を納めて禊をすませなければならないという具合です。つまり、「すまない」ものは怖いのでこれを「すませる」ために教団に帰依《きえ》し献金し続けなければならないという単純な仕組みを心に植え付けているように感じます。

怒りの内向や自責の念とは反対に、すべて相手が悪いんだと、すまない気持ちを自分の外側にすべて吐き出して、すっきりさせようとする場合もあるでしょう。しかし、行動で吐き出して、すべて失ってしまえば、相手との関係性はとりかえしのつかないものになってしまいます。

「すまない」はお互いさま

だから、「すまない」という気持ちを置いておくことは、大切なことです。相手が悪いと決めつけるのではなく、自分にも否があったのではないかと心のどこかで抱え続けていることは、他者との関係性を築いていくうえでも重要です。

私たちは生きていくうえで、人に借りをつくり、恩を受けながら生きていきます。そもそも、私たちの人生は、親をはじめ他人のケアを受けなければ生きていくことができないという未熟な乳幼児期から始まります。そして、自分が大人になったときには、今度は自分が子どもをケアする。あるいは、他者に貸しをつくったり、恩を与えたりもする。要するに、お互いさまです。でも、白黒思考に固まっていると、「すまない」を置いておけず、すまないままではいられなくなるのです。

私たちは世の中をいいか悪いか、0か1かで判断しがちです。子どものころの運動会の記憶を思い出してみると、たいていの人は、よく晴れた青空のもとで運動会が行われた記憶か、あるいは逆に、雨で延期された記憶を思い出します。でも、実際には、それほど晴れておらず曇り空のもとで開催されたことのほうが多いかもしれません。しかし、そうした記憶はあまり印象に残りません。晴れか雨か、白か黒か、0か1かという記憶が心に残りがちです。

世の中は、善か悪かで分けられるのではなく、両方が交じり合った状態というのが実態を表しているでしょう。人との関係性においても、相手が完全に悪い、自分が完全に悪いと決めつけるのではなく、妥協しながら、貸し借りをつくりながら、物事はどっちもどっちであり、あなたも私もお互いさまをかみしめながら生きていくことが大切です。

いくら科学的な思考を展開させていって、いろんな現象を解明したり、分類したり、名前を付けていったりしても、必ず分類しきれないもの、わけのわからないものは残り続けるでしょう。この「すまない」ものを、「すまない」ままとして置いておけるか。ここでも、「間」に立ち続けること、未処理のものをそのまま置いておくことが求められています。

心の内奥には沼がある

心のスペースは無限であり、すまないもの、未処理のものをそのまま置いておける「溜め池」のようなものがあることを先に述べました。

この心の仕組みについて、私の持論を交えてもう少し詳しくみてみようと思います。イライラやモヤモヤといったすっきりしない気持ち、不純や矛盾を抱えた感情などが、心の中にはたくさんうずまいています。現れては消え、消えてはまた現れる。そして、そのあれやこれやに耐えられず、白か黒かすっきりさせようとして焦り、もがき、すっきりしないので、徒労感としての「むなしさ」が訪れる。さらに、その「むなしさ」を何とかしようとして、さらにもがき苦しみ、耐えられない空虚感に襲われる。

しかし、そもそも心の無限のスペースには、あらゆる気持ち、様々な感情があちこちでふつふつと現れ、うずまいているのが実態ではないかと私は考えます。そして、「溜め池」の奥、すなわち心の内奥には沼のような場所があるのではないか、と私はイメージします。これを「心の沼」と名付けましょう。心を消化器にたとえるなら、「心の沼」は下部消化管である「心の腸」、あるいは日常的に「腹」といわれるところに該当します。その中は白でもなく黒でもなく、思考がまだ形になっておらず、矛盾していて名前の付けられないような意識や感情がうずまいており、澄んでいないし、ドロドロしている状態です。

心身は連動するので、未処理のものを溜めておける「溜め池」もまた心に置くことが可能でしょう。こういうと、読者は「膀胱《ぼうこう》」をイメージされるかもしれませんが、それでは不要物、老廃物としてすぐに排出されることが運命づけられる印象です。そこは有用なものもあり、こなすには時間も必要なので、ここでいう「心の沼」は、やはり胃腸、そして腹のイメージなのです。

また、白黒思考には、そうした心の消化管などないようにみえ、白か黒かに割り切れない状態に弱いのです。なので、そういう未処理のものを心に置いておけず、吐き出してしまいたい、そうするしかないと思いがちです。

しかし、待っている人が来なくてイライラしていたとき、その人が現れて、言葉を交わしたら、途端にさっきまでの不満が心の片隅にやられて、忘れさられてしまうということを多くの人が経験していると思います。そして不満はけっして吐き出したわけではなく、心の片隅へと置くことで、やり過ごしているのです。このように未処理の不満や矛盾、不完全で割り切れない考えを置いておける機能を、「心の腸」はもっています。そしてこれは、繰り返すように沼のイメージなのです。

心にある、ドロドロした感情を、時間をかけずに固まっていない状態で相手にぶつければ、まさに「泥仕合」となって収集がつかなくなってしまいます。それを何とかしようとすると、事態がすんでおらず、汚れていることが気になって、きりがなくなる。これをすまそうと焦れば、拘泥することになり、下手をすれば呑み込まれて溺れ死んでしまうことにもなりかねない。もしも「心の腸」、すなわち「心の沼」に置いておければ、ここはそんな危険性のショックアブゾーバー、あるいは緩衝地帯となることが期待できるのです。

沼は臭いので蓋を

「心の沼」をなくしてしまうと本当に大変なことになる危険性もあるので、そこは沼のまま置いておくのがいいのです。下手に手をつっこんで、きれいにしようとするのではなく、ドロドロとしたわけのわからない状態のまま置いておく時間が必要です。

沼は濁っているし、澄んでいないし、それに臭《くさ》いというイメージもあります。嫌気がさすとか、怪しいとか、無駄で役に立たないなどと感じたとき、「くさい」と表現する日本語がたくさんあります。面倒くさい、生ぐさい、辛気くさい、ばかくさい、などなどです。何かに留め置かれてとどまり、進まない、進む気がしない、進む意味がないという心理状態を表しています。臭《にお》いを放ちながら、割り切れない気持ちが液状化して、ドロドロと腐り交じり合っているようなイメージが浮かぶでしょう。また、人間くさいという言葉があるように、感情や欲望など、人間の本質的な属性を表す際にも「くさい」が使われます。

臭いというイメージは、尿や糞便といった排泄物とも同一視されるので、私たちはそこを蓋などで覆ってしまいたいという気持ちにもなります。あるいは、こうしたドロドロしたものを意識すると体内に留め置かずに排出したいと生理的に感じます。

現在、私たちが生活している場所は多くがアスファルトやコンクリートによって埋められており、沼などはほとんどなくなっています。ドロドロと臭く、経済的な価値を見出せない沼などは、どんどん埋め立てられ、私たちの前から消えていきました。

しかし、人間は人間くさく、乳は乳くさいものだし、大地は土くさいものです。心の一部も、臭いはずですが、私たちが人間である以上、有機の匂いがするものであり、私たちの「心の沼」を都会のように埋めてしまうことはできないのです。

「心の沼」は、澄んではいない

一方で、こうしたドロドロと濁った臭い「心の沼」は、「人間くさい」という表現が示すように、これこそが人間の原始的で、本来的なありようを示しているとされ、それが文化的なものに対する不潔恐怖、あるいは美化や理想化を引き起こすこともあります。

私の患者さんにも、こうした奥底の沼という人間くささの本質を、きれいでなければならないと思い込んでいる人がいました。つまり、表でいい顔をして体裁ばかり取り繕っているのは汚れており、むしろ心の内奥を洗いざらい、そのまま正直に表現することこそ、裏表がなくてむしろ潔いと感じてしまうのです。

しかし、これもまた危険です。「心の沼」をきれいに浄化して澄んだ水で満たそうと懸命になってしまっているのに似ています。この連想は、水が澄んでいると思い込んでそこに引き込まれるという入水を誘うことにもなります。「心の沼」は人間の原始的な部分ですが、本来すまないものであって、やはりドロドロとして濁っているのです。

「心の沼」は、いつもドロドロ、ズブズブ、グズグズ、グチャグチャしているので、ドブ掃除は無理です。日本語の音を清音と濁音に分けて考えるなら、話す言葉はきれいでも、「心の沼」は濁音に満ちているのです。

そこには容易に手をつっこめない危険性もありますし、また性欲や残虐性もあります。底なし沼という言い方があるように、真っ暗で水中がどうなっているか、底がどうなっているかはなかなか理解できないのです。

だから、心の中でいくらひどいこと、残虐なことを考えても、そのことは否定されるべきではありません。私たちは夢で人を殺すことがあるので、沼には遺体が浮かぶかもしれないのです。それが腐った場合、心が臭くなり、罪や恥意識の下で、自分が腐っていると感じるのです。こういうふうにしばらくの間「くさる」のも有機体としての人間にとって大事なことです。

心の中でどんな空想をしようと、それは自由です。むしろ、心の中で考えてやり過ごし置いておけるなら、ひどいこと、残虐なことを行動に移さないということが可能になります。心の中で自由に考えたり、想像したりすることを否定したら、人はとても息苦しくなり、むしろ危険なのです。

第2章で述べたように、私たちは、目の前で起きている現実と、心の中の現実と二つの現実を生きています。その二つの現実を生きていることを自覚し、その二つがバランスよく作用し合っていることが健康的な状態です。二つの現実の片方しか認めようとせず、あるいは、二つの現実を同一にしようとするのは危険です。心の中で残虐性を実行するのはよくあることですが、目の前のきれいな現実だけを認め、それと乖離する心の現実を閉じたり、あるいは心の現実をそれに無理やり合わせてしまうことも危険なのです。きれいごとをいい、裏を認めずに良い子である表に無理やり合わせようとすると、心に無理が生じます。

ひどい、残虐な想像をしてしまうのも自分であり、他者に対して、良い人のようにふるまっているのも自分なのです。二つの現実と、人の二面性を認めることの大切さは、こうしたところからも理解できます。

両生類と沼

このように、沼はあくまで濁ったものであり、そのまま置いておくしかないのです。

第2章で、日本人の場合、乳幼児期から自他の分離・分化に至る移行期が長いということを述べました。胎児期という羊水に浸かった水中での生活から、私たちは母胎の外に出て陸上の生活を始めます。しかし、赤ん坊は未熟な存在として生まれてくるので、ひたすら周囲のケアに依存しなければ生きていけません。乳幼児期には自他の分離・分化もできていません。したがって、乳幼児期は水中の生活から陸上の生活に至る移行期であり、いわば両生類のような状態といえます。

人は魚類から両生類に変わり、やがて現在のように陸上で生活していくという進化の歴史をたどっています。その進化の過程を個体としてもたどっているようです。そのことを詩的に描く三木成夫『胎児の世界――人類の生命記憶』(中公新書、一九八三年)では、胎児が魚である瞬間などがあることを示しています。人類の進化と生命の神秘、その壮大さが感じられます。

乳幼児期からの移行期が長い日本人は、両生類である時期を長く過ごしているのではないか。それは海に囲まれ、風土が湿潤だからということもあるでしょう。そのためもあってか、私たちの社会におけるイジメや外傷体験も「陰湿」と形容されることが多いと思います。また、古くから穢《けが》れた場所とされた産小屋が川のそばにあって、中年以上の世代には「おまえは橋の下で拾ってきた」と親に言われたことの多いのもまた、乳幼児期がウェットであることを証言していると思います。

親の言う「橋の下」は、けっして叱るためだけではない発言でした。「桃太郎」の物語が、赤ん坊が川から生まれることを描いているように受け取れますが、もともと出生は水の流れに乗って生まれてくるともいえます。そして、私たちは胎内の羊水から急激に誕生し、その後は英語で「ウェットナース(wet nurse)」と呼ばれる「乳母」に文字通り世話になりながら、ゆっくりと上陸するのです。

両生類は、水中と陸の間である湿地、沼地に生息しています。両生類にあるとき、私たちは自他が未分化の状態にあります。その状態自体が、沼のイメージに近いのです。そこに、ズブズブ、ベタベタ、グチャグチャなど濁音のオノマトペが生まれるのでしょう。

また、「川の字」といわれる親子が一緒に寝ているような状態、あるいは、その距離の近さなどは、「雑魚寝《ざこね》」としてこれも湿地のイメージを想起させます。フロイトは、子どもが両親の性交の場面を目撃してしまうことを「原光景」と呼び、それを神経症の原因の一つととらえました。欧米のように幼いころから寝室が分かれているのに比べ、日本では、この原光景に触れる、もしくは巻き込まれる機会が多くなります。このことは、さらにドロドロした沼や池のイメージを強めるでしょう。

このように考えれば、私たちは、自分たちの中にある沼や池というものをより身近に感じられてきたかもしれません。

「川の字」で寝ることなどは、欧米ではタブー視され、忌避されてきたように思います。しかし、私たちはこうしたことをけっして恥ずかしがる必要はなく、そのことを文化として位置づけ、その研究を海外にも紹介していくべきではないかと考えます。

長く両生類であったこと、沼が身近であるということは、他者との関係性だけでなく、自然との関係性にも影響を与えるように思います。自然を支配するというドライな理性に対して、自分も自然の一部であり、自然と未分化でどっちつかずの存在でもあるという考えは、日本ではなじみやすいものでしょう。私たちは人間であるけれど、動物でもあるのです。白黒の二分法で割り切れない泥沼が、実は私たちの身近にあり続けていることは、もう少し注目されてもよいでしょう。

沼は再生へとつながる死に満ちている

ここで、私の考える沼のイメージを見事に表している小説を紹介します。作家であり動物学者でもあるディーリア・オーエンズが書いた『ザリガニの鳴くところ』(二〇一八年／友廣純訳、早川書房、二〇二〇年）というアメリカの小説で、世界的なベストセラーになりました。二〇二二年に映画化（オリビア・ニューマン監督）もされています。

ノース・カロライナ州の湿地帯で、将来有望な裕福な家の青年が変死体となって発見されます。疑いの目を向けられたのは、湿地にある小屋に住む少女カイアです。彼女は六歳の時に家族に見捨てられ、湿地の小屋でたった一人で生きていかなければなりませんでした。学校へも通えず、村人から蔑《さげす》まれながらも、みずみずしい自然の中で生きる術を学びながら、「ザリガニが鳴く」といわれる湿地で生き抜いてきました。自然に抱かれて生きる少女の成長、彼女を助けてくれる優しい青年との出会いと別れ、そして不審死事件が絡み合った魅力的なミステリー小説です。

湿地帯を舞台として、沼が描かれている映画は『マーシュランド』（アルベルト・ロドリゲス監督、二〇一四年）や『湿地』（バルタザール・コルマウクル監督、二〇〇六年）などがありますが、これらの作品でも変死事件が起きるなど、湿地や沼は暗い、残虐性などと結びつけられることが少なくないようです。

『ザリガニの鳴くところ』の一説にこんな文章があります。

じめじめした木立に覆い隠され、低地に流れ込んだ水が泥沼を作っている。泥だらけの口が日差しを丸呑みにするせいで、沼地の水は暗く淀《よど》んでいる。夜に活動する大ミミズでさえ、この隠れ家では昼のあいだも動きまわる。もちろん無音というわけではないが、沼地は湿地と比べて静かでもある。分解は細胞レベルの現象だからだ。生命が朽ち、悪臭を放ち、腐った土くれに還《かえ》っていく。そこは再生へとつながる死に満ちた、酸鼻《さんび》なる泥の世界なのだ。

沼は単なる湿地帯とは違う。暗くて淀んで悪臭を放っている。これは、ここまで私が述べてきた沼のイメージにぴったり重なります。これがある限り、人間の心に完全な空も虚もありえないのです。

そのうえで、私が注目したいのは、そこは生命が朽ちる場所ではあるけれど、死んだものは土に還り、一部は再生へとつながっていくというところです。「再生へとつながる死に満ちた」と表現されています。

私のいう「心の沼」も、そこに未処理のものを置いておくことで、それがクリエイティブなものを生み出す、創造の場なのだと考えます。いいか悪いかといった価値判断を超え、矛盾したあらゆるものが入り混じり、行き交う。そうしたところから、人は、これまでの考え方や常識などを超える、新たな発想や芸術などを創造していくのではないか、と私は思うのです。

人の心の肥料としてのイザナミ

「心の沼」が、死を呑み込むと同時に、新たな創造の場でもあるということを、別の物語からも考察してみましょう。

「イザナギ・イザナミ神話」では、腐乱したイザナミを見たイザナギは逃げ出し、醜女とともにイザナミがこれを追いかけます。そしてイザナギはイザナミを汚いものとして、黄泉の国の境に蓋をして閉じ込めてしまいます。このとき、イザナミは地底に埋められて土に還り、地中の栄養分となって大地に豊かな命をもたらしたのではないか。私にそんな空想を抱かせるのは、画家の芥川沙織《あくたがわさおり》による一九五七年の絵画作品「古事記より」(図4-1)です。横一三メートルを超える大作です。

この作品では、イザナミが海の地底に埋められ、醜いものとして隔離された後の姿を描いているのですが、地中の肥料となって地上に桃などの果実や、いろんな植物を生み育てているようにみえます。これらの果実は呪物の意味合いがあるのですが、見事な神話的発想を踏まえた、創造的作品だと思います。死後、身体は土に還り、分解されて有機物や無機物となって次の新

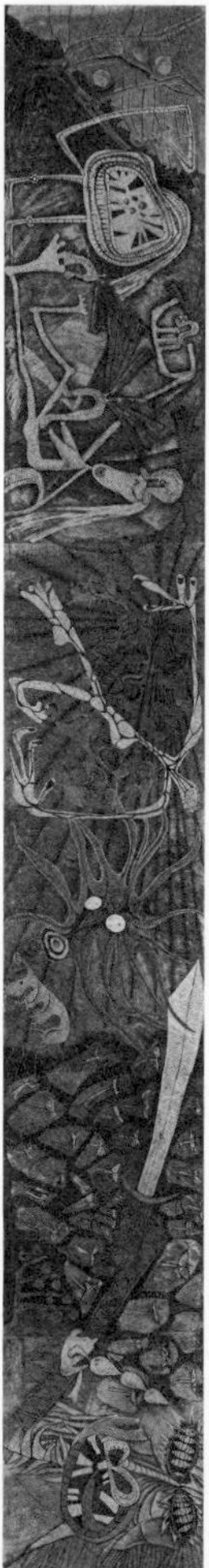

図4-1　芥川紗織「古事記より」(1957年，世田谷美術館所蔵)

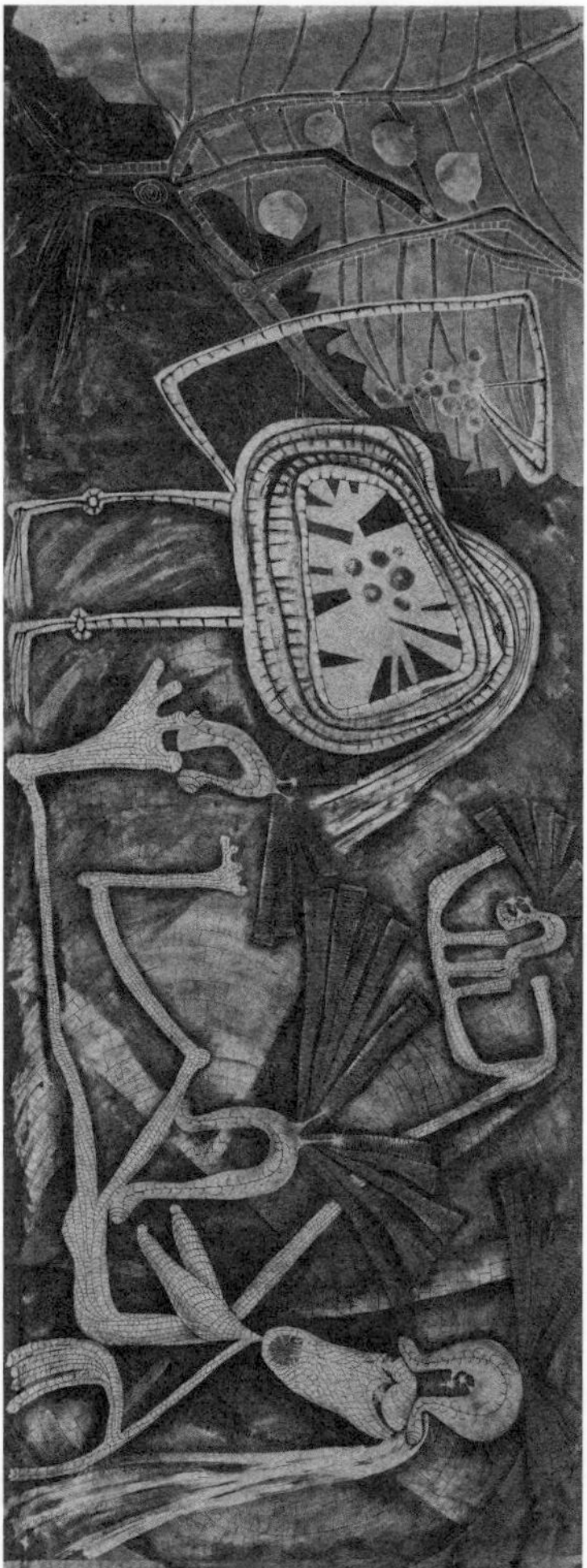

左部分の拡大

たな生命を生み出していく。

腐乱し、悪臭を放つ醜い姿のイザナミは、実は、ここまで述べてきた沼のような存在なのではないか。自身が醜いものとして、矛盾したもの、未処理のもの、あらゆるものを呑み込みながら、新たな創造をもたらす。大地に埋められたイザナミは、人の心の肥やしとなって、私たちに新たな生命をもたらし続けているのではないか。私はそう考えます。

いろんな国の神話をみても、大地に埋められたままの神というのは珍しいようです。神というのは天に存在している場合が多くて、皆が天に帰りたがるからです。

そして、イザナミが女神であることにも注目したいです。あらゆるもの、不潔なものも含めて、未処理のものをそのまま置いておくことができ、そしてそれが新たな生命の誕生にもつながっていく。そうした沼のイメージは、子どもを宿し生み育てていく女性性や母性のイメージとも結びつきます。

泥が「なじむ」

さらに、日本語の「泥」について考えると、「泥を吐く」「泥をかぶる」「泥を塗る」という表現では、ほとんど泥には良い意味はありません。むしろ、罪を認めて悪事を白状することや、物事の責任を自分一人で引き受けることなどを意味するところをみると、泥とは罪意識のことではないかと思う使用法が目を引くのです。そして、罪意識や葛藤を液状化させて、水に流すというやり方が生まれるプロセスも理解できます。『良い加減に生きる――歌いながら考える深層心理』(前田重治と共著、講談社新書、二〇一九年)で私は、「心の沼」は免震構造のようなもので、サヴァイバル、つまり生き残るためには重要な機能を果たすことを語りました。

というのも、精神分析ではこういう罪意識の問題を正面に据えて扱うことがあり、私たちの臨床においては、これを押し付け合うことで治療関係が泥沼化しやすいのです。そして親子関係でも、子との間で罪意識をぶつけ合って泥仕合となることがあります。

そうした状況における親やセラピストの心境として、「泥になる」という感覚が生まれることがあります。日本語で「どろむ」とは、「どろんする」というように潜伏や侵入を意味し、さらに「泥む」とは「滞む」とも書き「なずむ」と読んで「滞る《とどこお》、想いを寄せる、執着する」という意味から「なじむ」にもなるのです。正体もなく眠ることを「泥のように」というのですから、けっして汚くなるというものだけではないのですね。

そこで「泥む／滞む」を『日本国語大辞典』で調べると、以下のような記述があります。抜粋します。

① 人や馬が前へ進もうとしても、障害となるものがあって、なかなか進めないでいる。進まないで難渋する。

② 物事がなかなかうまく進行しなくなる。

③ しようとしていることが、うまくいかずに思い悩む。思い煩《わずら》う。

④ ある物事に関わり続ける。こだわる。執着する。

⑤ ひたむきに思いを寄せる。執心する。惚れる。

⑥ なれ親しむ。なじむ。

これに語誌としてこう記述されています。「②の用法は、現在では「暮れなずむ」のような複合動詞の中にのみ生きている」「④の「執着する」の意の中から、⑤の意が生じたのは近世で、それとの意味の近さ、また「なじむ」との音の類似から、幕末には⑥の意も生じた」

日本語の歴史には、こういう治療的といえる展開がありうるのです。泥を引き受け、それに取り組むのはけっして汚くなることだけではありません。「悩み」や「思い煩い」が「なじむ」

になるのですから。

「女の腐ったような奴」から生まれたもの

ここで再び、「イザナギ・イザナミ神話」についても個人的な考察を深めておきましょう。神話ではイザナミが腐って死んでゆくのを見たイザナギが「見畏《みかしこ》みて」逃げ還ると描写され、イザナミは辱められたと言っています。彼女は「見殺し」にされた、といっていいでしょう。日本語で使われる「見殺し」とは、ものすごい表現だとは思いませんか。何かをして相手を殺したのではなく、見て何もしなかった、すなわち「見る」という行為が「殺す」ことにつながっているという罪意識がうかがえるのです。

これが、神話に描かれた、私たちの外傷体験の一つを象徴するものであり、恥、そして罪意識の元になるような穢れの発生論ではないかと考えます。特に見殺しにしたイザナギの罪は深く、見ることが殺すことになってしまう私たちの加害者意識やそれがもたらす自虐的自責傾向の根深さを示すところだと思います。

そして、この国生み神話の物語に、私がこれほどまで関心をもったのには、実は個人的な理由があります。

腐乱したまま大地に埋められたイザナミに対する思いは、私が若かったころの記憶も呼び起こします。学生のころ、私が音楽を始めたとき、よく父親に「女の腐ったような奴」と言われました。一九六〇年代に登場したマッシュルームカットのビートルズは、それまでのミュージシャンなどとは違い、中性的なファッション・スタイルで、私たちも憧れました。私たちを魅了したフォーク・ソングも恋や平和などをテーマに歌い、けっして勇ましい、男性的なものではありませんでした。

したがって、そうしたものに憧れ、真似をする私たちは、父親など戦争を経験した世代からは「女の腐ったような奴」とか「めめしい」などと言われ、蔑まれました。

「女の腐ったような奴」という言い方は、女性に対する蔑視に満ちた表現であり、その差別的な表現をさらに男性を蔑むために使うという、二重の差別を内在化させた表現です。

こうした言葉が投げつけられることに、私たちは傷つき、その後、音楽活動を続けていく際にも、様々に思い出しました。自分のやっていることは、本当に必要とされているのか、価値のないことなのではないか、という「むなしさ」にも何度となく襲われてきました。

でも、歌をつくるということは、ときに男性の気持ちで詩を書き、ときに女性の気持ちで詩を書くことでもあります。私は作詞という活動を通して、自分の心の中に男性性も女性性も備わっていることを自覚してきました。あるいは、男性なのか女性なのかもはっきりしない、どちらかに割り切ることのできない、二つが混じったような要素もあるのだと思います。

女神であるイザナミが教えてくれること

「女の腐ったような奴」という言葉に興味をもった私は、一方で、精神分析学に出会い、日本人の心を読み解くために日本の昔話や神話の研究を進めました。そうしたなかで『古事記』に出会い、その奥深さに心を惹かれていきました。

「女の腐ったような奴」というのは、実はイザナミのことなのではないかと私は考えるにいたります。腐乱して醜い姿となったイザナミは、イザナギによって封印されたが、新たな生命、創造の源になった。でも、生きているのか、死んでいるのかもわからない、化け物のようなイザナミは蔑まれ、イザナミを封印したイザナギは「汚い国」に行ってきたからと禊を行いました。

イザナギが腐乱したイザナミを忌避したように、私たちも、はっきり割り切れないものを忌み嫌い、あるいは、畏怖して、蓋をしてしまう心性をもってきたのではないでしょうか。穢れ意識や禊が、比喩的に不潔恐怖の症状だとすれば、執拗に潔く生きようとするのも、歌唱で澄んだ音を好み濁音を嫌うのも、その現れでしょう。しかし、条件を整えて、蓋をとって忌み嫌われてきたものをよくみると、理解できるし、いまや私に扱えないわけでもないのです。

イザナギとイザナミによる国生みの神話では、イザナギとイザナミが天と地を結ぶ橋である「天浮橋《あまのうきはし》」に立って、天の沼矛《ぬぼこ》を、まだ何もできていない海原に下ろし、「こをろこをろ」とかき回しました。そして矛を持ち上げると、滴り落ちた潮が積もっていき、オノゴロ島ができたとされています。

矛は男性のペニスを象徴し、海原は母胎でありヴァギナを象徴しているのでしょう。矛が男神であり、まだ何もない海原、すなわち沼のようなものが女神であるとも考えられます。まだ何もできていない、形の定まったものがない沼を矛でかき回すことで、私たちの国が生まれた。

諸説ありますが、私の生まれた淡路島の周辺にはオノゴロ島とされる島がいくつもあります。沼をかき回して国ができ、淡路島も生まれ、そこに私も生まれた。そしてその私自身も、歌をつくり、論文を書いたり、本を出したりできたのは、私が心の中の濁った沼を抱えてきたからだと思います。そこにある形の定まっていないものをグルグルとかき回すことで、新しい発想やアイデアが浮かび、それが作品につながっていたのだと感じます。その意味でも、私はそれなりに「間」を利用して生きてきたのでしょう。

このようにして、私たちへの侮蔑の言葉や罵《のの》りが、死んだイザナミへと向かわせて、その世界を「こをろこをろ」とかき回していたら、何と、ここに実を結んでいるのだといえるのです。もっとも、そんな私でも「もう少しじっくり創作に向かいたかった」とか、生来の多動傾向ゆえ「急いでつくり過ぎたのではないか」といった反省からは逃れようもないのですが。

ここで私は何より自分自身に問わねばならないのです。私は、患者さんの生々しい思いや未消化な考えをどこまで抱えてあげることができたでしょうか。その思いの受け皿として、どこまで役立ったでしょうか、と。

「むなしさ」を味わい、かみしめて

臨床でも、イライラやモヤモヤといった未処理な感情がうずまく「心の沼」はけっして澄むことはありません。そこは濁ったままにしておくしかないし、まずはそうするしかないのです。

そうした沼という、心の領域とその機能を知ったとき、私たちは「むなしさ」に対しても、これまでと違った見方をできているのではないでしょうか。「むなしさ」というものも、けっしてはっきりとさせることができず、割り切ることのできないものです。そうしたものを存在してはいけないもの、恐ろしいものとして否定して、ひたすら埋めようとするのではなく、心のスペースに置いておく。しかも、心には無限のスペースがあるので、むなしいという感覚も、そこに置いておくことができるのです。

時間をかけて「間」にじっくりと立ち続ける。そのことで、「間」から生じてくる「むなしさ」を味わい、そこに漂うモヤモヤをぼんやり眺めてみる。その空間と時間は、白か黒かを早急に決めたがる心に余裕を与え、また、自分が身を置いている不分明な世界を体験して、人との関係性、そして自分自身に奥行きをもたらし、器としての幅を与えてくれるでしょう。

「むなしさ」という感覚を、すっきりとすましてしまうことはできません。すまないものはすまないのです。そして、そうしようと焦れば、より息苦しさが増してしまいます。「心の沼」を抱えていること、そこからモヤモヤが立ち上り、そしてすっきりしない「むなしさ」が訪れることを自覚できれば、私たちは「すまない存在」として自分を受け入れることができるはずです。

だから、物事に拘泥する私たちがとにかく潔く生きようとするのは、これも不潔恐怖の症状だというわけです。

母親から学ぶ

ここで多くの母親や母親代理者についていわねばならないのは、彼女たちこそが心と身体の間に橋を架けて、沼を沼として扱い、そして両生類の上陸を助ける役割を担っていることです。自然と文化の二股をかけた母親が「痛いのね」と言うときの言葉は、子どもの心の痛みとともに体の痛みを汲んで、彼らの「生」を抱えて取り扱っています。彼女たちが幼児を甘やかすときは、心理的に依存を引き受けるだけではなく、授乳などにより味覚的にも甘いものを用意するのです。母子関係の中での、このような言事一致のコト水準で通じる「汲み取り」や「受け取り」にこそ、後の言葉の心身両義性の臨床的活用の起源があるのです。

他方で言葉には、私たちを神経症的にするものとして、「忌み言葉」や言葉の「使い分け」というものがあります。それが社会化された例の一つであるタブーの心理では、避けられている対象は、血(赤不浄)と死(黒不浄)などの生臭いものに関するものに集中しています。また日本の冥府の描写でもそうなのですが、タブーにおける忌避を動機づけているのは、ものすごく恐ろしいという心理でなく、むしろ忌むべき醜悪・不浄だという穢れの心理です。

では、一体どういうものが穢れとして排除されているのでしょうか？　人類学者メアリ・ダグラスの『汚穢と禁忌』(一九六六年／塚本利明訳、ちくま学芸文庫、二〇〇九年)などを参考にして考えるなら、それはいつもうまく分類できないもの、わからないもの、収まりの悪いものなの

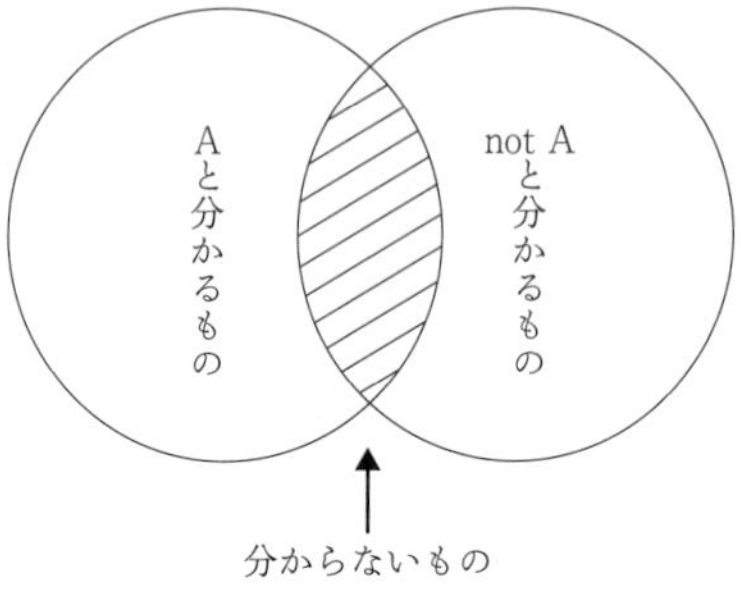

図4-2　「分かるもの」と「分からないもの」

です。それは中途半端でどっちつかずと形容することができると思うのですが、母親たちはこれを扱うことができるのです。そして、その態度や能力から学ぼうとするのが、精神分析の専門家なのです。

心の問題を扱う私たち専門家は、悩ましいもの、嫌なもの、不愉快なものを、置いておきたければ置いておける場所を用意し、それに耳を貸して言葉で扱うのです。ここであえていわねばならないのですが、臨床ではトイレや排泄に関わる内容の夢をみる者は多くて（穢れにこだわる日本人に多いという印象）、それが対人関係の悩みの在り方と解決法を示唆していることがよくあります。

たとえば精神分析的な臨床では、壁のないトイレや逆流するトイレ、あふれる排泄物の夢は実に数多く聞くのですが、それに関心をもって受け止めていると、先の「なずむ」のプロセスが進みます。そして、不安や当惑が減ってゆき、安心して排泄できるトイレ体験に変わることがよくあります。

つまり、これに慣れた私たち自身が、そして相談室が、心理的なトイレになるのです。汚いものや生々しいものを置いておくためのスペースを提示して、生ぐさい体験を語る場を提供する私たちは、必要に応じて心身両義的な言葉、汚い言葉、生々しい言葉を進んで使わねばなりません。そして、いくらそこで汚いことやまずいことを言っても、汚くはならないことを知るという「なずむ」ことこそ、言語の使いやすさには不可欠でしょう。

そういう放出物を受け止めてくれていたスペースでは、関心をもちながらの、生々しい言葉や汚い内容に関するトイレットトレーニングに似たプロセスが伴うのです。また、レイプや性被害、暴力や虐待の問題も吐き出されるように語られることがあって、心の専門家には「ここだけの話」のための守秘義務が重要になります。

そして、コミュニティの中でこれを行う私たち自身や私たちの居場所が、不気味で怪しいところのようになるのは、図4-2にみるように、「分からないもの(分けられないもの)」だからであり、そのため私たちは世界の中に居場所を得るために自己紹介をやめるわけにはいかず、精神分析運動を続けねばならないのです。しかし、これはうまくやらないと、仲間内でもきれいごとをいうところでは排除されますので、充分な注意が必要です。

第5章「むなしさ」を味わう

ここまでみてきたように、私たちの心には「むなしさ」が必ず訪れ、通例そのことから逃れることはできないものです。そして「むなしさ」は「すまない」とともに生きていかざるをえません。

しかし、そのことは、単にそれに耐えるべきものというのではなく、場合によっては吐き出したい言葉を生み出し、創造性を育んで、むしろ人間の生に豊かさをもたらしてくれるのではないかとさえ私は考えます。

「むなしさ」そのものに意味はないかもしれません。でも、「むなしさ」をかみしめ、味わうことには意味があるかもしれない。こうしたことを、この最後の章で考えてみたいと思います。

前田重治の心の絵

フロイトたち精神分析家は、人間の中には意識だけではなく、無意識の領域が存在することを発見して、その内容を分析してきました。そしてフロイトは、意識することのできない心を無意識の領域と考え、心の病理が起こる仕組みを、心の領域を広げて心全体の観点から解明することで精神分析学を確立していったのです(図5-1)。

意識というのは、ある程度、思考が整理されていること、クリアであることを求めます。物や現象などが分類され、ドライで、すっきりと整理されていることを良しとします。一方、無意識というのは、なかなか自分では理解することも、また中身をコントロールすることもできません。前章で述べた「心の沼」というのは、この無意識、それもその下部領域と重なります。

精神分析学は意識の領域を上部、無意識の領域を下部としましたが、ここで本書を書きながら気がついたことを書きます。敬愛する精神分析家・前田重治先生から数年前にいただいた、

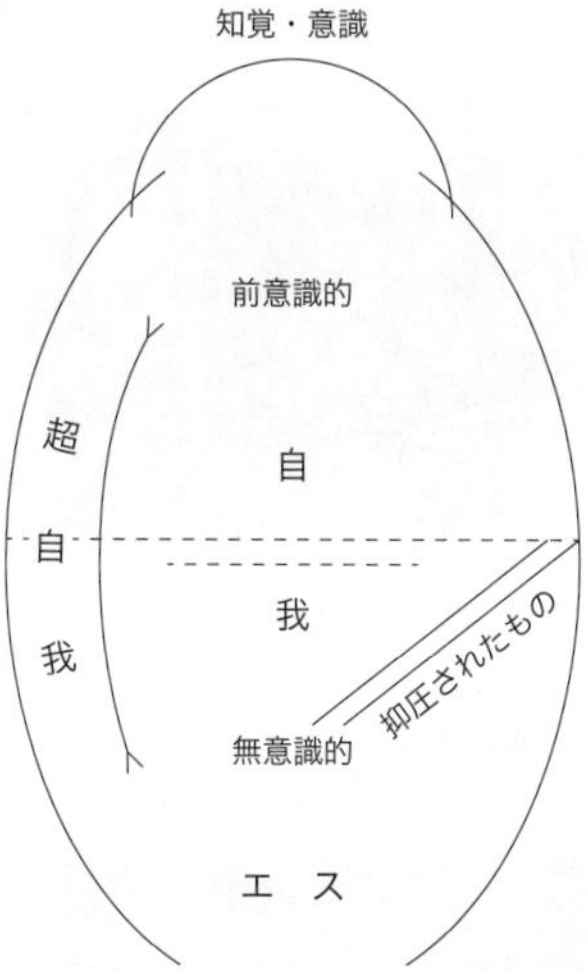

図5-1　フロイトの構造論による心的装置(『続精神分析入門』1933年)

フロイトのいう心の装置を先生ご自身が若いころに自由連想的に描いた絵(図5-2)のことなのですが、この絵はずっと私のオフィスの机の前に掲げられていました。戦後間もない先生の青春時代を色濃く反映したタッチで、フロイトが日本に紹介された時代における精神分析の心のイメージが描かれ

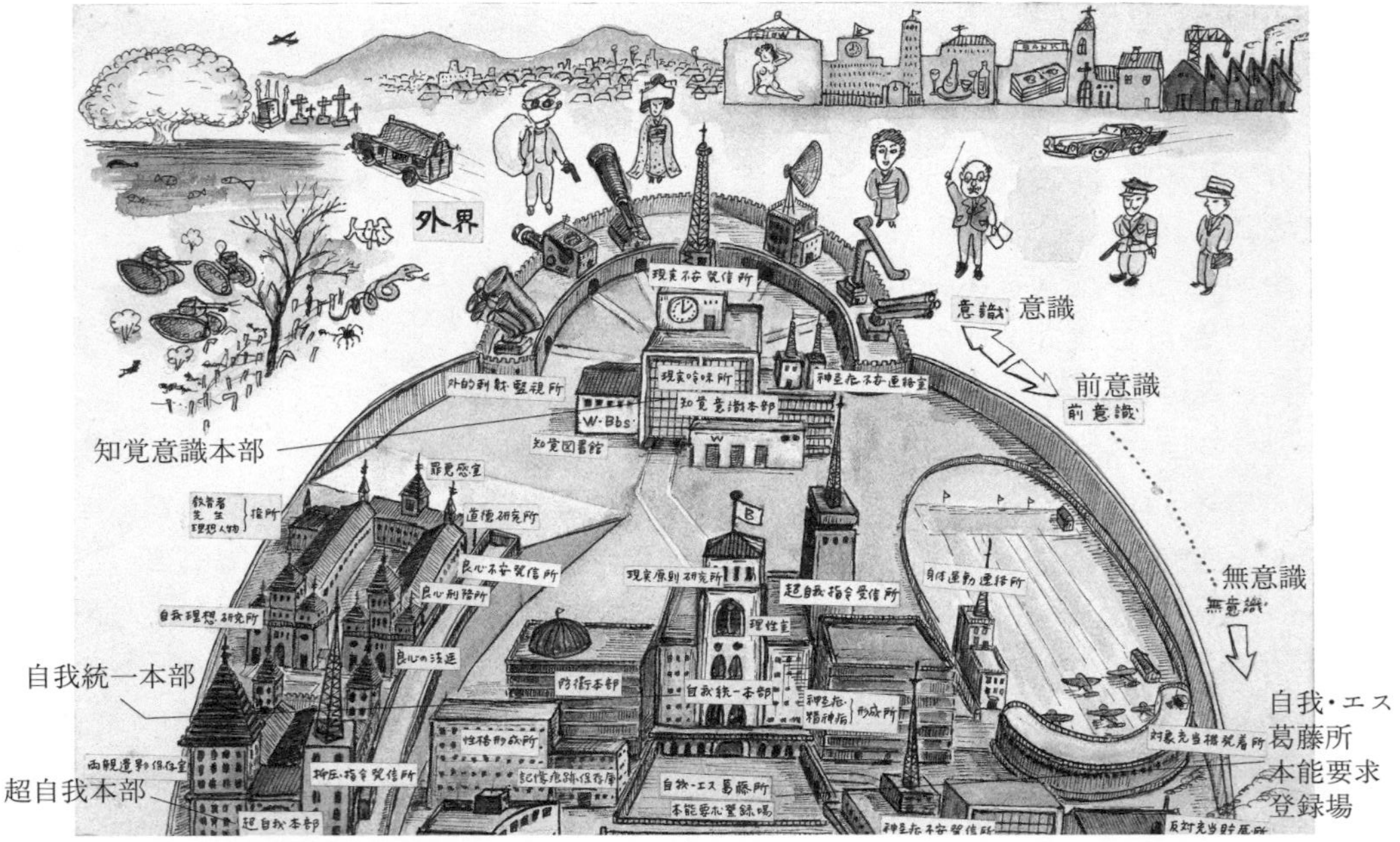
外界
意識
意識
前意識
前意識
無意識
無意識
知覚意識本部
現実不安発信所
現実吟味所
知覚意識本部
外的刺戟監視所
神経症不安連絡室
W・Bbs
知覚図書館
罪悪感室
道徳研究所
良心不安発信所
良心刑罰所
自我理想研究所
良心の法廷
現実原則研究所
超自我指令受信所
理性室
身体運動連絡所
自我統一本部
防衛本部
自我統一本部
形成所
性格形成所
抑圧指令発信所
記憶痕跡保存庫
両親遺影保存室
超自我本部
超自我本部
自我・エス葛藤所
本能要求登録場
対象充当撤退着所
自我・エス
葛藤所
本能要求
登録場
反対充当時屈所
神経症不安発信所

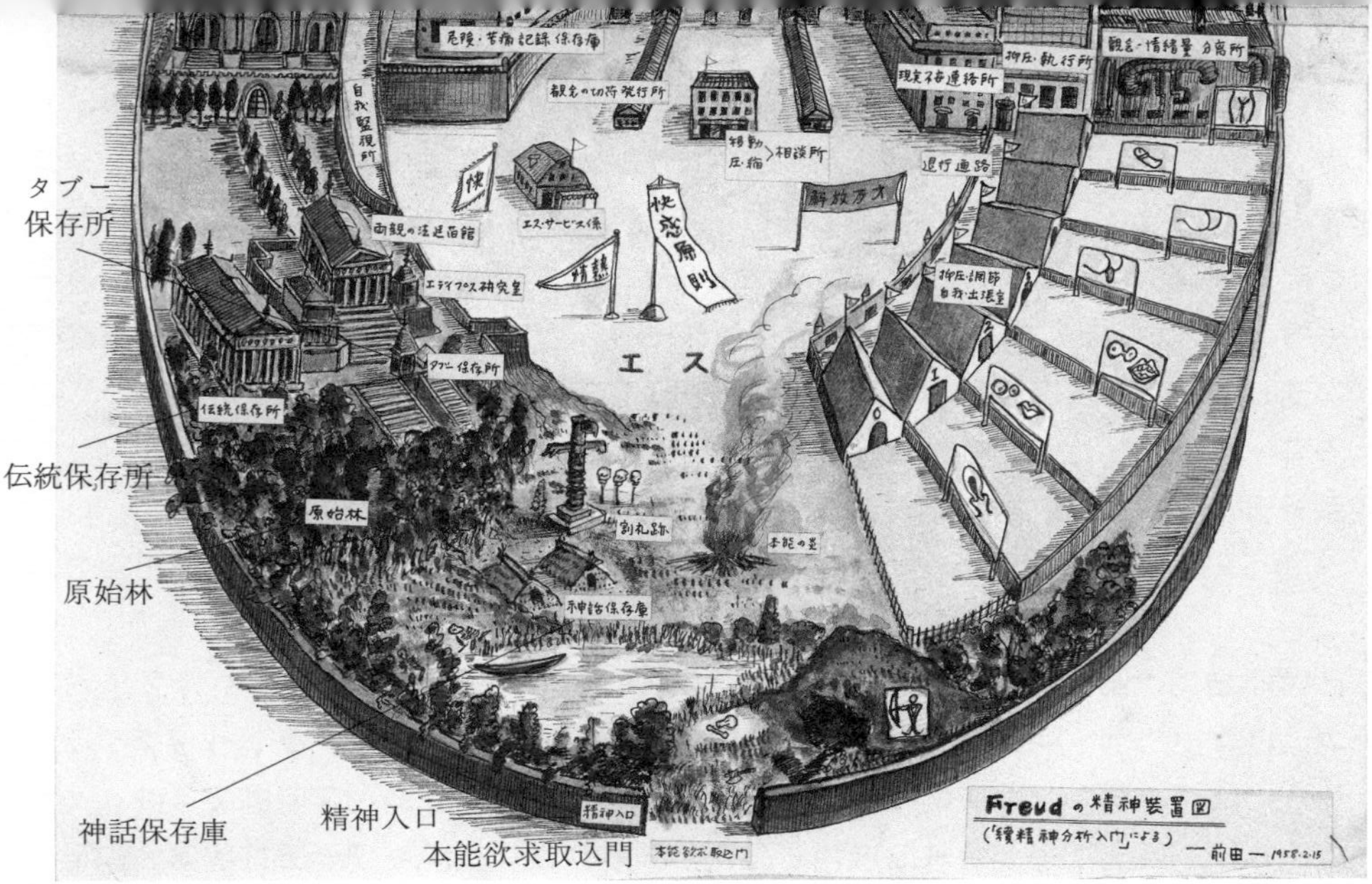

図5-2　前田重治「フロイトの精神装置図」(1958年)

ています。

上部は、外界に向かい知覚のために心は外に開かれています。また、図の左にある、原画ではレンガ色の建物群は、良心や超自我といわれるところで、自我の言動を監視しており、刑務所まであります。そして真ん中にあるのが自我に関わる建物であり、私がそれを、日本語を活かして「わたし(私)」と呼ぶように、心全体の中央で全体を渡して管理し、調整しているのです。

この前田先生の絵においても、無意識、あるいはほとんど無意識になっているエス(日本語では「それ」を意味するドイツ語)は下部に置かれ、その最下層は身体に根差して「本能欲求取込門」が開口しています。ここは、胎児のころ、子宮の中で愛を吸収し、老廃物を排出した、臍のあったところでしょう。すぐそばに池が見えますが、本書で述べてきた本当の沼はこの左上の原始林の中に潜んでいそうです。池の上に私が関心をもつ「神話保存庫」、その少し上にタブー保存所があるというのは、精神分析家の連想なら偶然ではありません。また池の右には骸骨が散らばり屠畜場のようであり、その右にほら穴が開いています。この穴は、イザナミの眠る黄泉の国に通じるのかもしれませんし、生き物の死に関わる大事な排出口でしょう。

私がこの絵で一番なるほどと思わされるのは、自我の領域とエスの領域が中央広場で地続きになっているところで、「私」が門を開いて深層心理の深いところを意識しやすくなっていることです。文化的昇華の道筋も右下の階段で示されていますが、ただし舗装はそのうえで徹底的に行われているようです。

そして同じく前田先生による「現代の自我構造」の絵(図5-3)では、上部構造が東京都庁舎のように肥大していて、下部のエスがますます追い詰められています。

絵を見ながら連想する

そこで、前田先生の案内を得て、私も心の古層を自由に連想してみましょう。まず沼や屠畜場があるということで、どうしても私が個人的に連想するのは、被差別部落のことです。中高生のころ、被差別部落の出身者だった友人が、貧困から学校をやめざるをえなかったという背景を知って、私は差別の成り立ちに関心をもちました。

宮本輝の小説『泥の河』(筑摩書房、一九七八年)、それを原作にした小栗康平監督の同名映画(一九八一年)も、クライマックスでは性愛を引き受けて生き続ける覚悟を読者に迫る深い悲しみを描いています。昭和の、子どもと大人の性愛に関わる「見るなの禁止」の物語が私の過去にもあります。小説の主人公は友人の母親が娼婦となる光景をのぞき見て、目が合ったことを

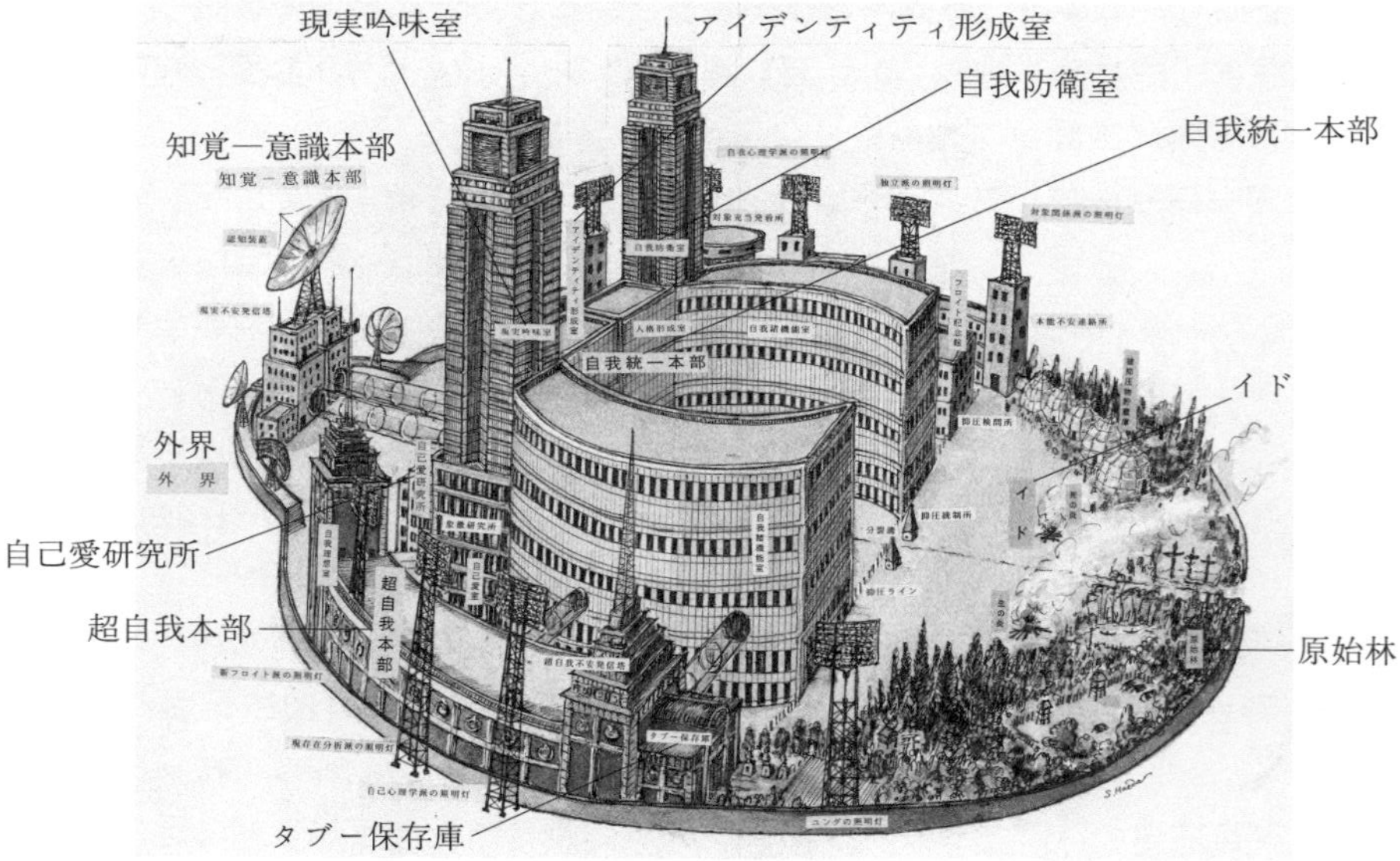

図 5-3　前田重治「現代の自我構造」(1992 年)

きっかけに友人と別れることになるのです。『泥の河』というタイトルは、性愛と象徴的に響き合います。また昔、子どもが悪さをしたときなどに母親などが子どもに「おまえは橋の下で拾ってきた」と言ったりしましたが、『泥の河』のタイトルはそのことや、歴史的に多くの産小屋が川のそばにあったことにも、深いところでつながっていると連想します。

そして私は、口と乳がつながる育児と、男性性器と膣がつながる性生活を、どちらもウェットなチでつながる営みとして、同等で区別しない水準があると思うのです。江戸時代に描かれた春画には、夫婦の性交の場面に子どもが同時に描かれているものが少なからずありますが、こうした裏文化としての春画も育児と性生活のつながりを証言していると考えます。そこで生まれる「ズブズブの関係」という表現はそういう癒着のオノマトペといえるでしょう。

また、まったく別件かもしれませんが、遠藤周作は小説『沈黙』(新潮社、一九六六年)で、我が国にキリスト教が根付かないのは、沼があるからだと主人公に語らせます。自身の生き残りと進化のためには、沼を私たちが必要としているのではないでしょうか。

このような、心の基底に湿潤な「曖昧模糊」があるということについて、精神分析的探究で鑪《たたら》幹八郎《みきはちろう》が私たちの日本的自我の流動性として次のように指摘しているのです。おそらく人間の混じり合いにズブズブがあるなら、私たちの心にはいつまでも有事の際に「泥沼」と化すところがあるのでしょう。

私たちの存在の基盤として揺るがないと考えられる基本的な思想や信条が、わが国の場合、ある程度、曖昧模糊の状態で存在している場合が多い。強固な信念とか価値、信条などが固定せず流動的である。ブランコのように右や左に揺れたり、次々と変容したりする。また個人の生涯の中で、何度も新しいものと置き換えられたりするなどの特徴がある。

(鑪幹八郎『恥と意地——日本人の心理構造』講談社現代新書、一九九八年)

無意識と身体

前田先生の絵は一見狭苦しいのですが、「名所案内」のような遊びがあります。それが実は深遠な奥行きや余裕を表しているわけなのですが、その一例として人の身体に重ね合わせてみることもできます。意識というのは上のほうにあり、外に向かっていて、無意識というのは腹など下のほうにあることを認識することができます。そして心は、その底の底、さっきいった臍、かつては母胎とつながっていたところですが、ここでいまや自らの身体に根差しており、そこから欲望や衝動のためのエネルギーを得て、そして不要なものを排出しているのです。

この腹のあたりが大事であることは、日本語の表現を思い浮かべれば、わかりやすいと思います。「腹蔵なく」といえば「心に思っていることを包み隠さず」という意味ですし、「腹に一物がある」といえば「心に何かたくらんでいることがある」という意味になります。また、かつての武士が身の潔白を証明するために切腹したのも、腹の内側に本音・本性が隠されているという発想があったからなのでしょう。

腹の領域、すなわち奥にある腸、そして思春期に発達する生殖器には、未処理で未熟、未消化なものがうずまきます。前田先生の絵における池の脇では屠畜が行われて、そこの水は濁っているでしょう。こうした、下部のものの抑圧や処理に失敗するなら、この領域の様子が上部に上って押し寄せ、意識に混乱をもたらすことがあります。

しかし、上部の頭脳や理性だけでは人間は生きていけないし、頭脳や理性だけが人間のすべてではありません。理性的な意識よりも、心の下部から湧き上がる、沼の臭い、欲望の臭いとしてのモヤモヤのほうが強くなってしまうこともあります。したがって、上部と下部、その両方の領域を備えてこそ、人間の心の全体となるのです。

「むなしさ」の下部構造

こうみてくると、「むなしさ」とは、この上部構造を占拠する無機的なビル群を吹き抜けてゆく風、それもすきま風、時にドライな空っ風かもしれません。先の前田先生の「現代の自我構造」(図5-3)の上部が肥大している場合で「むなしさ」ばかりが増大しているように感じられるとしたら、心の大きな広がりからみると、それはやはり上の部分しか活かしてないことになります。

現代人の意識は、有機体としてのウェットな下部構造をコンクリートで覆っており、振動する下部から迫る「災害」が忘れたころにやってくると、その度に慌てることになるのでしょう。たとえば東日本大震災が発生した際、原子力発電所が大津波に襲われ電源喪失を起こし、制御不能に陥りメルトダウンしてしまいました。日本は地震も多く、また海に囲まれているので、水による自然災害に脆弱であることを、この国に生きる人は思い知らされています。科学技術の粋を集めたはずの原子力発電所も、自然災害に襲われれば、自らを制御することができなくなり、人や環境に過酷な被害をもたらしてしまいます。

同じように、私たちが意識によっていくら頭脳明晰であろうと努めても、強い衝撃を受けるとやはり「溜め池」は氾濫し、「心の沼」に浮かび上がった沈殿物が、そして泥水が、襲いかかってきます。無意識の領域が意識の領域に侵食してくるのです。いうならば、「心の沼」に蓋をしようとしても、大抵臭いまでは抑えることができず、意識という空気清浄機でいくらきれいにしようとしても、そこには限界があります。しかも、いつまでも蓋をしておくことはできません。

「心の沼」に集まっていた泥水が増えると、蓋を壊してでも、堪《たえ》られなくなった意識の領域を侵そうとします。日本語がいうように、欲求不満、葛藤、不安、そして外傷記憶など、未処理物の溜まったものがどんどん増してくるだけで、心は堪らなくなってしまうのです。

同時に、溜め込まれた汚染水は海洋などへの放出が必要になるのです。ことさらその安全性を強調するのは、そうした行為が、人間の罪意識も象徴しているからなのでしょう。そして日本の出来事は、神話のスサノヲが、我が心「清く明かし」と主張して暴れたのとまったく同じように、再び自国民や周辺国の人たちを不安にさせることになります。

個人の心もまた、理性で整理して何かを築いたつもりでも、割り切れないもの、自分にはコントロールできない奥底の沈殿物の氾濫によって、上澄部分としての意識は侵食されるという構図があるのです。フロイトはこれを「抑圧されたものの回帰」と考えました。この自縄自縛の構図もまた、人間の心に「むなしさ」をもたらします。今まで自分がやってきたことは何だったのか、はたして意味があったのか、と。

でも、意識も無意識に対応するものとして、心と体、上部と下部に広がる人間の全体を見渡して、納得できれば、上澄部分の「むなしさ」だけに圧倒されずにすむでしょう。この二重性は、日本では本音と建前、表と裏、きれいごとと汚いこと、清音と濁音、漢字と仮名、書き言葉と話し言葉、そして私のいう三者言語と二者言語の二重性というふうに、徹底的に私たちの文化と言語を分割しています。それで物事をすっきりと澄まそうとしても、その最下層に無意識の沼がある限り、心の「むなしさ」というものは絶対にすまないものなのです。

両生類的生活がもたらす生き直し

それでは、心の意識と無意識の間に立ち、広く見渡して少し考えてみましょう。私たちは寝ているときは無意識の状態にあります。無意識の中で夢をみます。その夢の中で私たちは、人を殺すこともあるし、殺されることもあるし、怖いものに追いかけられることもあるし、自分の望んでいたものを手に入れることだってあります。

普段、上部である意識を主に使って生活している私たちが、夢をみている間は、抑圧の蓋が取れて、無意識が優位になっています。つまり、寝ている間、意識はオフに近い状態に置かれています。普段、生活しているときとは逆のことが起きているのです。

この蓋を緩めて意識と無意識を入り混じらせることにより、私たちは抑圧の蓋を取って心のバランスを保つことができています。その意味では、私たちは無意識の蓋を緩めることにより、毎日、「心の沼」や池の水際での両生類的生活を生き直しているといえるでしょう。

ようやく見つけたこの水際で、変身譚の鶴女房、魚女房、蛇女房、はまぐり女房が誕生するのでしょう。ここで、私たちは陸生になったり水生になったりして、変身するのでしょう。

睡眠や夢が誰にでも必要であるように、意識をオフに近づけ、無意識に身を委ねることもまた人間には必要なことなのです。意識をオンにしたり、オフにしたり。しかも、意識が完全にオンかオフであるということはなく、「わたし」は意識と無意識の両方の領域を行ったり来たりしているのです。

春画を見てセックスや恋愛の擬似体験をすることや、スポーツで勝ったり負けたりすることで、溜め込んだもののちょっとした解放を繰り返しながら、私たちは柔らかに生きています。遊ぶことも、夢見ることも、そしてぬるま湯の温泉につかって微睡《まどろ》むことも、多かれ少なかれ、抑圧されたものの解放でしょう。

だから、仕事など、主に意識を働かせる領域にだけ身を置くのでは堪らないので、遊んだり、休息することで無意識の領域に身を置くことが求められます。意識をオフに近づけて遊ぶこと、ゆっくりとすることが必要なのです。ここにも、私たちが「心の溜め池」や「心の沼」と付き合う一つの方法があるように思います。

そして「ゆ」に身を任せる

ゆっくり、ゆったり、ゆとり、よゆう(余裕)、ゆうぎ(遊戯)、ゆるす(許す・赦す)……。心理的な解放感をもたらす日本語には「ゆ」という音が共通している場合が少なくありません。この「ゆ」という音は、日本語の「湯」をも連想させます。

日本人は風呂が好きです。日本人の潔癖性が表れているとみることもできますが、ゆっくりと湯につかることで、心を解放させる役割も風呂に求めています。だから温泉も好まれるのでしょう。逆の見方をすれば、宮本武蔵などは風呂嫌いで有名だったといわれますが、常に敵と戦うことを意識しているような武士はゆっくりと湯につかることはできません。戦闘モードのままでは、お風呂でくつろぐことはできないのです。

意識ばかりをオンにしていれば、四角四面な考え方に陥って窮屈になってしまいます。だから「ゆ」に身を任せることで、意識をオフに近づけ、無意識に身をゆだね、心や生に潤いを与えることが大切なのです。

自分の思い通りに事が進まず、イライラやモヤモヤが強まってきたら、とりあえず「ゆ」の世界に身を任せてみるのがいいでしょう。お風呂につかってゆっくりと微睡む。思い切り遊んでみる。そうやって意識をオフに近づけることで、私たちは両生類を生き直すことができるのです。

「むなしさ」を感じている「私」という発見

ゆっくり、ゆったりしながら、ここでちょっと立ち止まってみましょう。いくら温泉に行ったとしても帰り道がある。温泉郷に住み続けることはできないし、人魚は日常に連れて帰れない。夢、睡眠はいつか覚めるのです。そして「むなしさ」は、温泉に行ってからの帰り道に訪れやすい。そのうえ、「湯当たり」というのもある。

逆に、意識的に何度片づけても、無意識の氾濫によって何度も壊される。私のように歳をとると、その「むなしさ」が何度も何度も繰り返されてきたことをつくづく感じます。

でも、振り出しに戻って、また「むなしさ」を感じるということは、心の全過程を実感できているということでもあります。心のある一部分ではなく、「わたし」は上部と下部、陸生と水生の両方を「わたして」、その全体を体験しているのです。

そう自覚できれば、「むなしさ」に瞬時襲われても、この重要な過程をなくしてしまおうと焦り、それができずにさらなる「むなしさ」に圧倒されてしまうということも少なくなるのではないでしょうか。「むなしさ」がやってくれば、やがてモヤモヤしても、それは澄まないだろうし、すまそうとしても簡単には消えないでしょう。

しかし、全過程を渡りゆきながら、「むなしさ」を感じている「私」がそこにはいるのです。そこに「私」という人間が確かにいる。生きているからこそ、「むなしさ」が感じられる。だからこそ、何かをしようと意識を働かせるのではなく、自分ではどうしようもないという諦めのもと、許される「ゆ」に身を任せてみるのも一法です。その時間、私たちは「間」を生きているし、「むなしさ」も味わえているのだと考えます。

「むなしさ」から生まれる文化・文明

「むなしさ」は自分ではどうすることもできない。だから、かみしめ、味わう。そうした「むなしさ」に対する一つの付き合い方を提案しました。さらに進んで、「むなしさ」が人にもたらす積極的な側面についても考えてみたいと思います。

胎児期の母親と一体であったとき、さらに乳幼児期に親など周囲からたくさんのケアを与えられていたとき、個人差はありますが、大人になってからと比べるなら、私たちの多くは満たされることの多い経験をしているようです。それが成長するにしたがい、そのことを求めてもその希望を伝えようとしなければ、ニーズは伝わらない、さらにそれを伝えようとしても伝わらないという幻滅を経験することになります。ここに発達論的に「むなしさ」が発生するという可能性を第２章で確認しました。

私たちには、無意識にその記憶があり、そこに戻りたい、満たされたいという願望を抱えています。けれども、意識的には完全にそこに戻ることはできないことも知っています。

ここで再び精神分析学の説を紹介しましょう。精神分析は、文化というものは、私たちにとってかつての母親のような役割をしてくれるものであり、乳幼児期の満たされていたときの子宮体験を代わりに再現してくれそうにみえるものが文明なのであると唱えました。

その考え方にしたがうと、人間は文化や文明によっても、けっしてかつてのユートピア体験を再現できるわけではなく、それらによって満足させられることはありません。そのため、私たちはこの欲求不満に耐えて、知識や言語を獲得し、主知主義(人間の精神において知性や理性を重視する考え)の洞察によって乗り越えていくしかない、とフロイトは主張しました。

つまり、かつての満たされた状態からの分離の間隙は、他のもので埋めることはできないが、だからこそ、それに耐えながら、知性や理性を使って乗り越えていく。そして、子宮内回帰願望に応えるべくして文明と文化が生まれ、不完全な擬似体験で慰められるのが人間の宿命であるというのがフロイト的な考えです。

「むなしさ」とナンセンス

こうして「むなしさ」は、私たちにそれを埋めるための、いろんな文化体験を招き寄せてくれます。

私はナンセンスの文学や歌などが、昔から大好きです。意味の世界から解放され、無意味の「遊び」とパロディに満ちた作品世界に惹かれ続けてきました。特にイギリスでは歴史的に、こうしたナンセンスが芸術作品の世界観として確立しており、ルイス・キャロルの『不思議の国のアリス』をはじめ、好きな作品がたくさんあります。

たとえば、イギリスに古くからある童謡で「ロンドン橋、落ちた」というものがあります。「ロンドン橋、落ちた、落ちた、落ちた」(London Bridge is falling down, falling down, falling down)という歌で誰もが聴いたことがあるでしょう。しかし、考えてみるとロンドン橋が落ちるなんて大惨事です。なんで落ちるのかも、よくわかりませんし、意味不明です。ロンドン橋が落ちて、たくさんの人が死んだかもしれない。でも、そこには意味がない（ナンセンス）ので、意味を問うことができません。意味を問えないからこそ、逆に残酷な意味のおもしろさを、意味を伴わない音の繰り返しによる、無意味のどさくさに紛れて楽しめるのです。

フォーク・クルセダーズの「帰って来たヨッパライ」でも冒頭「おらは死んじまっただ　おらは死んじまっただ」と繰り返します。「死んだ」などという深刻なことをあっけらかんと歌う。そのナンセンスの手法を取り入れて、生死の境を混乱させる、あるいは無化させるというナンセンスが多くの人に受けたのだと思います。

失われる、死んでしまうという喪失によって生じる悲しみや痛みそのものはどうすることもできないから、むしろ歌の中で死を意味しながら、誰も死んでないという無意味の混乱に乗じて、タブーの抑圧の蓋が緩んで、死と暴力が無邪気に舞い踊り、笑い、おかしさ、あるいは感動へと昇華させるのがナンセンス芸術です。この意味付けや抑圧の「むなしさ」を味わい、かみしめるからこそ、人間が生み出した貴重な文化体験の一つといえるでしょう。

ナンセンスのほかにも、かつての満たされたユートピアに戻りたいけれど、戻れない、あるいは、失ったものを探しても見つからないという「むなしさ」の感覚を素材にした歌などがたくさんあります。

私が作詞した「風」(端田宣彦作曲)でも、一人旅に出てふるさとを思い出してふり返っても「そこにはただ風が吹いているだけ」と歌われています。ふり返っても、かつてのふるさとはもうそこには存在せず、それをかみしめて生という旅を続けていく。

あるいは、井上陽水による作詞・作曲の「夢の中へ」なども、いくら探しても見つからないことが歌われています。いずれも「むなしさ」という感覚のありようが歌われています。

短命の美

こうしたことは現代に限ったことではなく、古くから日本人は「むなしさ」という感覚を、一種の美的なものとして愛し、いろいろな形で文化に取り入れてきました。

日本には、はかなく、すぐに失われ、短命であることに美しさや愛おしさを感じるという文化が伝統的に根付いています。桜も紅葉も、そして花火も、すぐに終わってしまうから、希少で美しく愛おしいと感じる。桜や紅葉からもわかるように、これは日本が四季折々の自然変化に恵まれていて、季節ごとの移り変わり、それが終わり、またぐっていることを意識しながら生活してきたことと関係しているのでしょう。

ゆく河の流れは絶えずして、しかももとの水にあらず。よどみに浮ぶうたかたは、かつ消えかつ結びて、久しくとどまりたるためしなし。世の中にある人と栖《すみか》と、またかくのごとし。

この鴨長明の『方丈記』の有名な冒頭の一節は、川の表面に浮かんでは消える泡を人と住処にたとえて、人が生きる世のはかなさ、無常を描写しているとされます。

あるいは、松尾芭蕉の『奥の細道』にある句「夏草や 兵共《つわものども》が夢の跡」も無常観を象徴するものとして知られています。かつて藤原氏が栄華を誇った平泉(現・岩手県)を訪れた芭蕉は、その痕跡がほとんど残っておらず、草に覆われてしまっていることに心が動かされます。人間が築いたものが、悠久なる自然の前では、はかなく消え去る運命であること、その悲しさ、愛おしさを芭蕉は俳句にしました。

また『平家物語』の「祇園精舎《ぎおんしょうじゃ》の鐘の声、諸行無常《しょぎょうむじょう》の響《ひびき》あり。娑羅《しゃら》双樹《そうじゅ》の花の色、盛者必衰《じょうしゃひっすい》の理《ことわり》をあらはす。おごれる人も久しからず、唯《ただ》春の夜の夢のごとし」といった、やはり冒頭の有名な一節なども、すぐに思い浮かぶでしょう。

このようにみてくれれば、人間の営みははかなく、必ず喪失が訪れること、すなわち「むなしさ」という感覚が、様々な文化や芸術につながっていることがわかります。私にとって見事なのは、どれも音が聞こえてくることです。川の音、死んだ武士たちの声、そして鎧の音が、響いて、やがて消えていく。そこには、自分の力ではどうしようもないという、一種のあきらめの念が伴っています。つまり、「むなしさ」を「はかなさ」として受け入れ、かみしめ、味わうところから文化や芸術が生まれてきたのです。

精神分析からみる——口唇期、肛門期、性器期

私の専門である精神分析学を活かした深層心理学からも、「むなしさ」がもたらすものについて考察を進めてみたいと思います。

フロイトが提唱する心理性発達理論では、人が快感を覚え満足を得る身体の部位は、発達によって段階的に移動し、その部位を中心に人格を形成していくとされます。フロイト派は子どもの発達段階を口唇《こうしん》期、肛門期、男根期(エディプス期)、潜伏期、性器期と五段階に分けました。ここでは、説明をわかりやすくするため、口唇期、肛門期、性器期の三つに注目します。

口唇期(生後一歳半ぐらいまで)では、食事をすること、食欲を満たすことが快感の中心となっ

ており、肛門期(一歳半から就学前ぐらいまで)では、排泄することが快感や関心の中心となります。この肛門期のころに、糞便が汚いものとしつけがなされ、トイレットトレーニングなどが行われて、自分でトイレで排泄できるようになります。そうしたこともまた快感をもたらします。そして、性器期(思春期以降)では、性的な欲望が精神活動の中心となります。

大人へと成長するにしたがい、こうした欲望を自分で満たせるようになっていきます。空腹を満たしたいという食欲、排泄してすっきりしたいという排泄欲、セックスをして快感を得たいという性欲。つまり、満たされていないという「むなしさ」が生じたときに、これらの身体的な欲望を満たすことで、人は一時的に「むなしさ」を解消することもできるのです。たとえば、お腹がいっぱいになれば、満足感が得られ、イライラやモヤモヤを一時的に解消させることができます。

ただし、「むなしさ」の解消のために、これらの欲望を満たすことに依存してしまうと、過食や頻尿、セックス依存症などの病気、あるいは極端に「好き嫌い」のある状態になってしまいます。あくまで一時的に「むなしさ」を解消させるのであり、次々と訪れる「むなしさ」をこれらで根本的に解消することはできません。

性的欲望と「むなしさ」

ここで、私は「むなしさ」と性的欲望について特に注目したいと考えています。「むなしさ」を感じて、それを性的な欲求で満たそうとする。かつての精神分析では、女性の膣や子宮を身体的な空洞ととらえる考え方があり、この考え方では、身体に子宮という空洞を抱えているため、女性は本来的に深刻な空虚を抱えているとみます。そして、この空虚を埋めるために、男性器を挿入して子宮を埋めようとし、あるいは妊娠して胎児を宿すことで埋めようとすると考えました。

そのため、かつては結婚していない女性、あるいは子どもを産んでいない女性を一人前ではなく、不足している存在とするような見方もありました。そういう女性を「からおんな」と呼んだことがありますし、子育てを終えて、子どもが自分の元から離れていった母親を「からの巣症候群」などと呼んだりもしました。女性の抱える空虚を子育てで埋めていたが、それが終わってしまい、再び空虚が訪れていることを表すものです。

しかし、こうしたかつての考え方は、女性の存在意義について、結婚や出産、子育てにばかり重きを置いたものであり、現代ではかなり異論のあるところです。つまり、男性器のないことが「むなしさ」を生み出すという「男根中心主義」が、男女平等の観点から批判されています。

いずれにせよ、ここでは性交《セックス》を行うことで「むなしさ」を(一時的に)解消するということが関係していることを押さえておきたいと思います。女性ではなく、むしろ男性の方にそういう傾向があるかもしれません。

人にとっての性交は、オスとメスの単なる生殖の手段ではなく、そこには愛情表現や濃密なコミュニケーションなどが含まれます。性交によって、妊娠し、出産することもあります。あるいは、妊娠や出産を伴わない性交ももちろんあります。

ただし、ここで私が注目したいのは、性交によって子どもが生まれることがある、という事実です。つまり、人間の誕生は異性愛間の性交や妊娠によるということです。現代の科学技術では、性交ではなく人工授精によって、子どもが誕生する場合もあります。しかし受精の様子を顕微鏡レベルで見たときにも、無数の精子が卵子を目指して必死に泳いでいる様子が見られます。その様子は、さながら相手と交わりたいという愛によって突き動かされているようにさえ、私には想像されます。

まったく個人的な日本語連想ですが、「愛」の原像は、やはり「あい」、つまり「会い」「合い」「逢い」から始まる「通い合い」は欠かせないのですが、不幸な「遭い」もあるのです。

「戦う」は「たたきあう」から出たのですから、「あい」に不幸が混じるのは仕方ありません。

ここで注目すべきは、「むなしさ」を起点とした性交が、子どもという実を結ぶことがあるというプロセスです。「むなしさ(ミナシ)」は喪失や幻滅、裏切りなどによって実や身がないことを思い知らされることだと、本書でも述べてきました。しかし、「むなしさ」を知り、それを何とかしたいという行為によって実が結ばれるということ。さらにいえば、人の誕生という成果を得る私たちの動機づけ、あるいは起点に「むなしさ」があること。この事実を踏まえて、私は実のある創造性のための性交モデルを提示し、そこに強い意義を見出したいと思います。

いまや性交が異性間によるものばかりでなく、また繁殖のためだけではないことを考え合わせるなら、性交によって生まれるかもしれない実というものは、実際の子どもだけに限らないともいえます。一緒になりたいという強い思いで、愛する他者と交わることに、二人のより強い愛情を育む、あるいは成果を得るなど、何らかの実や身につながることがあるのです。

異質な他者との交わり

考えてみると、芸術など、いろんな創作活動が性交の比喩として語られます。ミュージシャンがコンサートで観客の熱狂に喜びを感じ、一体感を覚え、そこに「グルーヴ」という陶酔が生じる。そんな体験で、性交のような快感を覚えるという、ミュージシャンの証言はたくさんあります。また、小説家が自分の作品を、そして科学者が論文を、「私が生んだ子ども」というような言い方もします。

性交というのは、自分とは違う性質をもった何ものかに惹かれて、愛し合い、交わるということです。そして交わりの中で快感を覚え、その結果として、新しい生命が生まれることがある。

私にとって、ともにフォーク・クルセダーズをつくった加藤和彦という存在は、かけがえのないパートナーでした。あるいは、同じく若いころからのミュージシャン仲間である杉田二郎もそうです。私とは違う才能をもつ彼らに惹かれ、そして愛し、深く交流することで、いろんな歌ができた。彼らがいなければ、私はたくさんの歌をつくることができませんでした。

あるいは、異質な他者というのは、必ずしも実際の人ではない場合もありえます。人には必ず二面性があることを指摘しましたが、誰もが自分の中に異質な他者を抱えているのです。私の中には男性性も女性性も、あるいは、そのどちらとも割り切れない部分もあることが作詞活動につながったことを前章で述べましたが、私は何かを創造するとき、自分の心の中の女性性と男性性が交わって子を生み出しているように感じることもあるのです。いずれにしても、創作の原点には、異質な他者(異質な他者性といってもよいでしょう)との交わりが存在しているのだと考えます。

性的な死と生き直し

前章で触れたようにイザナギとイザナミの国生みの神話でも、性交がイメージされています。天の沼矛を海原に下ろし、「こをろこをろ」とかき回すことで、オノゴロ島ができた。何もできていない沼を沼矛でグルグルとかき回すことで、国が生まれた。何もできていない「心の沼」をグルグルとかき回す。このことは、白か黒か、生か死か、といった二分法的な世界観をかき回すことでもあり、既存の考え方、常識に凝り固まった世界観に混乱、そして入り混じった坩堝《るつぼ》をもたらすことにもつながります。

クリアな頭脳を求める意識にばかり重きを置くのではなく、無意識がもたらす混乱にも身を任せてみる。実際、泥になったつもりで、グウルグウルと回すことでリズムが生まれ、うまくゆけばそれは私たちを無意識の快感へといざないます。

性交などによって快感のピークに達したとき、日本語では「いく」と表現します。「いく」

は「逝く」のことなのでしょう。日本に限らず、他国でも「死ぬ」と表現することも少なくないようです。すなわち、私たちは無意識に身を任せ快感を得て、一度、表向きの人間が死んで動物に戻って生き直すという経験をしているのでしょう。

さらに、創造には既存の価値観の破壊が伴います。英語の「recreation」は再び(re)創造する(creation)という意味を語源としますが、休養や気晴らしを意味します。ここでも、新たな創造のためには、無意識の領域に身を任せて生き直すことの必要性がうかがえるのです。

「むなしさ」の家族的三角関係を生きる

このような異質な他者との交わりが死や破壊を伴いながら、新たな実や身を生み出すということは、哲学でいう弁証法と重なります。ある命題(テーゼ)と対立し矛盾する関係にある命題(アンチテーゼ)を統合して、より高い次元の命題を導き出すこと(アウフヘーベン)です。正—反—合の運動ともいわれます。さらには、性交モデルでいうなら、男と女が交わって子ができるところともみることができます。

単純化するなら、精神分析でいう超自我(父性原理が心に取り入れられたもの)とエス(欲望や衝動をつかさどるエネルギーのあるところで、乳児においては母を目指す)の間を自我(=「私」)がどう

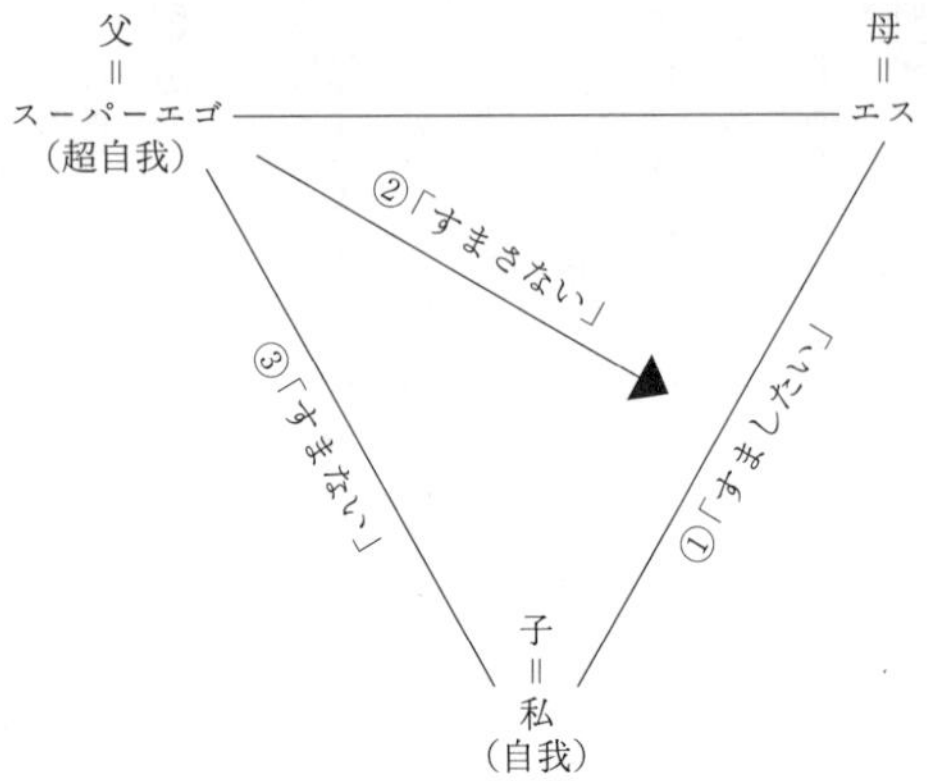

図5-4　心の三角関係

生き、そして生き直すか、というテーマとも重なります(図5-4)。「私(子)」は快感原則に支配されて母との一体化を求めながら、それと対立する現実原則を扱う父の介入を受ける。それによって、子どもに葛藤が生まれ、子が父と母との間でどう生きていくかという三角の場で、生き方を身につけていく。母と父が出会い、そのことで生じる入り混じり(矛盾・葛藤)を子が「私」となって乗り越えていく。

人が生きるということは、弁証法や三角関係の連続です。子が親たちと関わることで、新しい実や身として生み出されていく。

私たちに「むなしさ」が訪れたとき、私たちはそれを何かで埋めたいと思う。そして、私たちは新しい親代理を求める。それと交わろうとする。ときには、無意識に身を任せながら、ゆっくりと、その交わりを楽しむ。そうしたとき、何かが生まれるかもしれない。でも、そうやっても、現実の裏切りや時間経過による幻滅で、また別の「むなしさ」は必ず訪れる。築いても壊れる。**図5-4**でいえば、母と①「すましたい」という子の欲望は、父の②「すまさない」という介入に遭って、③「すまない」になるのです。そして、また①に戻る。

「むなしさ」はすまない。その繰り返しが、子が「私」として生き続けることなのだといえるでしょう。

あきらめたときに生まれる

「むなしさ」から新たな創造が生まれる。そのことを考える例として、夏目漱石の作品を取り上げたいと思います。

『草枕』の有名な冒頭はこうあります。

山路を登りながら、こう考えた。
智に働けば角が立つ。情に棹《さお》させば流される。意地を通せば窮屈だ。とかくに人の世は住みにくい。

「智」というのは知識などを指し、それだけだと角が立つ。つまり、理屈っぽいだけでは、他人と穏やかな関係はつくれない。「情」、すなわち感情などだけに頼っていると、それに振り回されてしまう。「意地」すなわち、自分の我ばかりを通そうとすると窮屈になる。知識だけ、感情だけ、意地だけでは、生きるのは窮屈であり、その三つのバランスがうまくとれていないと息苦しいと漱石は指摘しています。白か黒か、あれかこれかではない、三つの「間」をそれぞれがバランスよく鼎立させて生きることの必要性を、この文章から読み取ることもできます。しかし、同時に漱石は、この文章のあとで、こうも書いています。

住みにくさが高じると、安い所へ引き越したくなる。どこへ越しても住みにくいと悟った時、詩が生れて、画が出来る。

人生というのは、そもそも生きにくいものであり、どこへ行ってもそこに安住することはできない。その「住みにくさ」を認識するというのは、つまり「むなしさ」をすまないものとして感じるということではないでしょうか。知識、感情、意地の「間」に立つことが大切だけれど、それでも「むなしさ」には抗えない。

しかし、その「むなしさ」を認識し、安住することをあきらめたとき、詩や絵画などの芸術が生まれるというのです。「住みにくい」とは、「むなしさ」の「すまない」ことを悟ったときなのでしょう。

あの素晴しい愛について

さて、本章の最後は、私の愛の話で終わりましょう。実は愛に関する私の四〇代の個人研究として、日本人らしい人間関係とは何かを求めて、興味をもったのが芸術家による観察と記録でした。それで数十年前、約二万枚近くの浮世絵を調べて、その中から約四五〇組の母子像を取り出しましたが、そこには二人が見つめ合うのではなく、同じ対象をともに眺める母子が頻繁に登場することがわかったのです。

一つの対象をともに眺める母子は、対象をともに眺めてこれについて語り合いながらも、「抱え、抱えられて」通じ合っているようです。ここにも、母と子、そしてその二人がともに眺める対象が形づくる三角がある。このとき、二人の間における「通い合い」が、それが精神的な「和」や身体的な「つながり」となって、人と人を結びつけていると私は考えました。

見る方向を「右にならえ」という形で二人が共有しながら横に並ぶこと、これが私たちの

図5-5　喜多川歌麿「風流七小町　雨乞」(1803年)

「同調」の起源ではないでしょうか。心理学者はここで言語の習得と文化の継承を強調しますが、私は「横並びの愛」の発生現場でもあると考えるのです。

図5-5の喜多川歌麿による浮世絵の母子像(「風流七小町　雨乞」一八〇三年)では、二人は傘に空いた穴を見ています。普通はここにお月様があるのですが、それは「見立て」の趣向で、実は不在の穴なのです。

日常でも、「美しいもの」を共有しながら愛でるのは親子だけでなく、恋人や友人同士でも多いのです。雪見、お花見、花火、紅葉狩りと、私たちは昔から同じものを一緒に眺めて心を通わせ、この愛を育んできたのです。漱石による訳だとする逸話もありますが、「アイラブユー」を「愛している」と見つめ合って言うのではなく、肩を並べて「月がきれいだね」と言うとする比較文化論は、私たちの「横並びの愛」の深層心理を鋭く突いていると思うのです。

だが、この愛が取り返しのつかない形で壊れ、そこに穴があき、「つながり」が突然切れるなら、目も当てられない惨状が展開するでしょう。お互いが孤立して、「みんな」からハブられる恐怖や、向かい合ってもらえない不安、そして同調圧力が生み出されてしまうのでしょう。だから、同じ花を見て美しいと言った二人の心が今はもう通わないという悲劇は繰り返されるのだと、歌でもいうのです。

その普遍性のおかげで、加藤和彦と私がともにフォーク・クルセダーズで活動した後、一緒につくった「あの素晴しい愛をもう一度」という歌はヒットしたようです。しかしながら、同じステージに私と並び立って、この愛を歌っていた加藤和彦は自死しました。今でも皆さんから、精神科医の私が傍にいながら、どうしてこれを止められなかったのかと問われるのです。

正直にいうと私は、彼の「死にたい」という気持ちを向かい合って聞くことができていなかったと思います。やはり、おもしろいことや楽しいことを目指した共演、つまり調子を合わせて歌う関係ではそういう話にはなりにくかったのです。そのうえ、主治医であった別の医師も、潔く去ろうとする自死の計画を十分に聞けていなかったようでした。

もしこの「心と心が通わなくなっている」ことをはっきりと自覚していたなら、医師としてはひとまず彼を入院させていたことでしょう。すぐさま病棟に拘束することになったかもしれないのです。しかし、それでは彼の美意識や自由を求める心を傷つけることになり、そこでは

「おまえなんか大嫌いだ」というような、互いの対決や対立が生まれたでしょう。

主に音楽で通じ合った私たちは、対峙してそういう怒りや傷つきの伴う対決になることを回避していました。ぶつかり合いになったならば音楽どころではなくなり、事態は想像を絶するような修羅場と化したと思うのです。しかし、その戦いを超えて互いが生きのびることができていれば、彼は今日も生きて付き合いは続いていたかもしれないと思うと悔やまれます。

私は彼を「見殺し」にしたのでしょうか。ここに、いつまでもすむことのない「すまない」がどうしても残るのです。

かつて心が通い合っていた彼とつくったあの歌は、結局のところ、その後の彼との関係を歌っていたというわけです。そういうわけで、あの歌は私たちの愛の物語なのです。いつまでもすまないので、これについて書く度に、広い荒野にぽつんといるようで、最後には深刻な「むなしさ」を感じさせられるのです。

どっちにしても、自死した彼との「あの素晴しい愛」の再生は絶対にないので、その取り返しのつかない喪失は味わうしかないのです。それは、ぽっかりあいた心の穴です。

おわりに――悲しみは言葉にならない

探し物はきっと見つからない。もし見つかったと思っても、それはすぐ目の前から消え、失われていきそうです。なぜなら、心の中で求めている「探し物」とまったく同じものは、外の世界には存在しないからです。

一人の人間の中には、心の中と外という二つの現実があることを述べました。質の違う二つの現実が、一人の人間の中で共存しているのです。普通はどちらか片方だけが現実でもないし、二つの現実を一致させることも無理です。だから、心の中にある「探し物」は、心の外の世界には存在しないのです。

もし、見つかったと思っても、それは私たちがそう思い、錯覚のように納得しているだけであって、やはり別物です。だから、すぐにそれは「探していた物とは違う」という気づきによって、消えていかざるをえません。そのことを、上田敏による名訳で知られる、ドイツの詩人カール・ブッセの詩「山のあなた」が見事に示しています。

山のあなたの空遠く
「幸《さいわい》」住むと人のいう。
噫《ああ》、われひとと尋《と》めゆきて、
涙さしぐみかえりきぬ。
山のあなたになお遠く
「幸」住むと人のいう。

幸せがあるといわれて、そこにたどりついてみたけれど、そこに幸せはなく、ただ泣いて帰ってくるだけだった。しかし、幸せはさらにもっと向こうにあるといわれ、結局、幸せというものには、いつまでもたどりつくことができない。そうしたものだというふうに、二つの現実を描き出しています。

人は何かを期待しては裏切られ、それでもまた期待をもって何かを求めます。探し物が見つからないこと、もし見つかったと思ってもすぐに消えてしまうことを知っていながら、でも、探すという行為を続ける。それが生きるという営み、そのものなのでしょう。見つからないという真実があるからこそ、「探し物」という営みが発生します。そして、最初から外にあるものに心が満たされていたら、探すという行為も、「探し物」それ自体も最初から存在しません。そして、胎児期の満たされた経験からの絶対的分離を体験している人間たちは、一生完全に満たされることはないのです。

こうして、人は探し求め続けなければならない存在なのでしょう。何かを探し求めるという行為そのものにはそれ以上の意味がないかもしれませんし、結果が得られなければそれは無駄だと思うかもしれません。だから人生は、ときにむなしく、無意味に思えるのです。

しかし、探し物は見つからなくとも、目の前にないことの痛みを味わう「私」がいるのです。そして、このときに「私」のつくため息には味、そして有機の匂いがあるのです。

再び日本語の話ですが、「悲しい」の語幹「かな」は、「しかねる」の「かね」と同源の語で、力及ばず何もできない状態のこととする説があります。また、悲しいは心の動揺を自分で抑え切れない状態と考えられて、感動の終助詞「かな」から来ているという説もあります。さらに、「悲」という漢字は、「非」の部分が、羽が左右に開いた様子に見えることから、両方に割れる意味を含むといいます。その「非」に「心」で形づくられる「悲」は、心が裂けること、胸が裂ける感じを表すそうです。

こうして希望はあっても、見つけることのできないことが悲しくて、この文字まで痛切に泣いているようです。そして、そのしょっぱい味わいにもかろうじて「私」がいる。

悲しみは主に身体で体験するものであり、歌にはなってもなかなか言葉にならないのだと思います。だから張り裂けるような心は、察していただいたり、汲んでいただくしかない。

古典的な深層心理学がいうように、私たちは母と一体化していたときの満たされた状態をユートピアとして、そこに戻りたいと思っているのでしょう。でも、もうそこには戻れないことを知っている。お母さんを呼んでも、お母さんがやって来ないことも知っている。だから、文明や文化をその代替として発展させてきたというのです。

確かに文明や文化はユートピアではありません。でも、文明や文化は、人にとってかけがえのないものです。文明や文化には無意味なものもたくさんありますが、無意味で「はかない」からこそ、ありがたい。そこにあるのが難しいからこそ、感謝することになる。また、希望を描き出すのは簡単ではないのですが、目的地が見つからないと嘆く旅人は、朝日が上ったらまた歩き始めるのだと異口同音に歌うのです。

探し物は見つからないだけでなく、築いたものは壊れるし、人に対する期待は裏切られる。「むなしさ」が生じ、自分のやってきたことや自分の存在そのものに、意味も価値もなかったのではないか、という気持ちに襲われます。

でも、失くしたものが見つからなかったとしても、築いたものが壊れたとしても、人から裏切られたとしても、そこに「むなしさ」を感じている、かけがえのない「私」が見つかることだけは、確かな事実なのです。

これを読んでいる皆さんも、これまで何度も「むなしさ」に襲われてきたことと思います。自分の望んでいたものは得られず、失われてしまったという喪失や幻滅が繰り返されてきたことでしょう。でも、そう感じてきた「私」自身は失われることなく、いまここに、生き続けています。

私たちは「むなしさ」から逃れようがありません。いや、むしろ「むなしさ」という母が私たちを生んだのだともいえます。「むなしさ」は割り切れないし、けっしてすむことはありません。

誰の人生も不純で矛盾に満ち、いつもモヤモヤして、物事は「すまないもの」であることを思い知ったとき、私たちはもう煽られないで、自分の周囲の世界や他者に対して接することができるようになる可能性があります。

「すまない存在」である自分に、一種のあきらめを感じ、すまないものを置いておくことができたら、人生に意味を見出せなくても、穴だらけの人生に少しのゆとりが見出されるかもしれません。一見砂をかむように味気ない「むなしさ」でも、これを味わい、かみしめないのは、もったいないと私は考えます。

さて、本書の最後は日本のどこかにある水際の景色を描写することで終わるのがいいと、本書が企画されたときから思っていました。考えていたのは、水辺の景色の中で唯一「この世の果て」として知られる、北海道は東の果て、根室の近く、野付《のつけ》半島のトドワラでした。

それで、本書執筆中の夏、久しぶりに出かけようと予定していたのです。

野付半島は、根室海峡に向け鳥のくちばしのように飛び出した日本最大の砂嘴《さし》として知られています。そこにあるトドワラは、トドマツの立木が海水の浸食や風雨で朽ちて、まるで白骨を連想させるように並んだ姿が「むなしさ」を醸し出すには十分であり、かなりの名所となっていました。

最初に訪れたのが五〇年前で、お花畑の向こうに広がる曇り空のトドワラは、水平線に広がる海の色と溶け合って、マスコミ騒ぎで疲れ果てた直後の、私が痛感していた「むなしさ」を見事に映し出していました。木々の立ち枯れている姿や朽木のごろごろと転がる風景と、そこに吹き抜ける風は、私の心そのものだと感じたものです。

だから、この度、あの海水に浸食される水際の景色を再訪するのが、私の晩年の書物に相応しいと思えてきたのです。八月下旬なら、北海道も人が少なくなるころだし、そこで本書の「あとがき」を書くのもいいだろうとほくそ笑んでいました。ところが、ネット検索で最近のトドワラの写真や、取り寄せた写真集などを見てみると、あの「この世の果て」がないのです。詳しく調べると、なんと最近の爆弾低気圧などのもたらす嵐のせいで、かなりの木々が流出し消失したというのです。もちろん東日本大震災の際の津波の影響もあったと聞きます。

求めていた現地の景色がなくなったことを知り、思いがけず、私は言葉にならない声をあげて泣いてしまったのです。本書を書いている間、ずっと我慢していたこの胸の悲しみが堪らなくなりあふれ出たのでしょう。

ひとしきり泣いたら、また「むなしさ」が当たり前のように押し寄せてきそうでした。が、感じたのは空虚ではなくて、それを埋めていたはずのものがなくなった際の、取り返しのつかない喪失の痛みでした。

それで、私はふーとため息をついて、しばらく何か吸い込むのをやめてみたのです。人生も暮れ泥《なず》むころとなり、私はもう何度も繰り返しているので、「むなしさ」にすっかり馴染んできたのだと思います。

あとがき

本書は、蔓延していると感じる「むなしさ」につき、自己分析を踏まえ、日本語・日本文化や現代社会を見据えながら書いた。もちろん最近の私の一般向け書物と同様、フロイト理論や精神分析の対象関係論の考え方を生かしている。しかし、「むなしさ」を感じたなら、情報収集による穴埋めを控えて、これを味わい、できれば自分で考えてみたらと提案しているのだから、理論的なことやこのテーマに関わる議論は細かく書き込まなかった。

ただ、いまや精神分析は、読みやすい辞典が刊行されており、知的な関心を抱く読者は、次に挙げる書物で、とくに自我、エス、超自我、喪の作業、原光景、去勢、羨望、死の欲動(死の本能)、心的現実、部分対象、全体対象、良い対象、悪い対象、対象の分裂、移行対象(過渡的対象)といった項目は押さえてもらいたいと思う。

○ジャン・ラプランシュ、J-B・ポンタリス、村上仁監修・翻訳『精神分析用語辞典』みすず書房、一九七七年。

○R・D・ヒンシェルウッド、衣笠隆幸総監訳、福本修・奥寺崇・木部則雄・小川豊昭・小野泉監訳『クライン派用語事典』誠信書房、二〇一四年。

本書の主題の一つ「対象剝離」や「幻滅」の問題は、日本語では次の文献を挙げるしかない。

○北山修『改訂 錯覚と脱錯覚――ウィニコットの臨床感覚』岩崎学術出版社、二〇〇四年。

他にも、良い入門書があるだろう。しかし、何よりその前に読まれたほうがいいと思う論考は、ジークムント・フロイトの「喪とメランコリー」、「無常について」(いずれも一九一五年／岩波書店版『フロイト全集』第一四巻所収)、「文化の中の居心地悪さ」(一九三〇年／同全集第二〇巻所収および中山元訳『幻想の未来／文化への不満』(光文社古典新訳文庫、二〇〇七年)など)だ。

最後に、誰よりも感謝したいのは、本書の中身の背景にずっとおられる患者さんたちに対してである。個別の例は引用していないと思うが、どの患者さんにも、想像を絶する個別の事情と物語があり、多くを教えてもらってきた。

そして、お世話になっている岩波書店編集部の田中宏幸さんに改めて感謝せねばならないと思う。本当に暑い夏の執筆で、老いて個人的にも喪失が続いた時期だったが、皆さんのおかげで書き終えることができた。

二〇二三年一〇月

著者

きたやまおさむ

1946年淡路島生まれ．精神分析学を専門とする開業医で，精神科医，臨床心理士，作詞家．九州大学大学院教授などを経て，2021年より白鷗大学学長．

1965年，京都府立医科大学在学中にフォーク・クルセダーズ結成に参加し，67年「帰って来たヨッパライ」でデビュー．68年解散後は作詞家として活動．71年「戦争を知らない子供たち」で日本レコード大賞作詞賞を受賞．

一般向け著書に『コブのない駱駝』(岩波現代文庫)，『ハブられても生き残るための深層心理学』(岩波書店)，『最後の授業』(みすず書房)，『帰れないヨッパライたちへ』(NHK出版新書)，『良い加減に生きる』(前田重治氏との共著，講談社現代新書)など．


「むなしさ」の味わい方　　岩波新書(新赤版)2002

2024年1月19日　第1刷発行
2024年8月6日　第6刷発行

著　者　きたやまおさむ

発行者　坂本政謙

発行所　株式会社 岩波書店
〒101-8002 東京都千代田区一ツ橋2-5-5
案内 03-5210-4000　営業部 03-5210-4111
https://www.iwanami.co.jp/

新書編集部 03-5210-4054
https://www.iwanami.co.jp/sin/

印刷・精興社　カバー・半七印刷　製本・中永製本

ISBN 978-4-00-432002-9　　Printed in Japan
JASRAC 出 2309132-406

岩波新書新赤版一〇〇〇点に際して

ひとつの時代が終わったと言われて久しい。だが、その先にいかなる時代を展望するのか、私たちはその輪郭すら描きえていない。二〇世紀から持ち越した課題の多くは、未だ解決の緒を見つけることのできないままであり、二一世紀が新たに招きよせた問題も少なくない。グローバル資本主義の浸透、憎悪の連鎖、暴力の応酬――世界は混沌として深い不安の只中にある。

現代社会においては変化が常態となり、速さと新しさに絶対的な価値が与えられた。消費社会の深化と情報技術の革命は、種々の境界を無くし、人々の生活やコミュニケーションの様式を根底から変容させてきた。ライフスタイルは多様化し、一面では個人の生き方をそれぞれが選びとる時代が始まっている。同時に、新たな格差が生まれ、様々な次元での亀裂や分断が深まっている。社会や歴史に対する意識が揺らぎ、普遍的な理念に対する根本的な懐疑や、現実を変えることへの無力感がひそかに根を張りつつある。そして生きることに誰もが困難を覚える時代が到来している。

しかし、日常生活のそれぞれの場で、自由と民主主義を獲得し実践することを通じて、私たち自身がそうした閉塞を乗り超え、希望の時代の幕開けを告げてゆくことは不可能ではあるまい。そのために、いま求められていること――それは、個と個の間で開かれた対話を積み重ねながら、人間らしく生きることの条件について一人ひとりが粘り強く思考することではないか。その営みの糧となるものが、教養に外ならないと私たちは考える。歴史とは何か、よく生きるとはいかなることか、世界そして人間はどこへ向かうべきなのか――こうした根源的な問いとの格闘が、文化と知の厚みを作り出し、個人と社会を支える基盤としての教養となった。まさにそのような教養への道案内こそ、岩波新書が創刊以来、追求してきたことである。

岩波新書は、日中戦争下の一九三八年一一月に赤版として創刊された。創刊の辞は、道義の精神に則らない日本の行動を憂慮し、批判的精神と良心的行動の欠如を戒めつつ、現代人の現代的教養を刊行の目的とする、と謳っている。以後、青版、黄版、新赤版と装いを改めながら、合計二五〇〇点余りを世に問うてきた。そして、いままた新赤版が一〇〇〇点を迎えたのを機に、人間の理性と良心への信頼を再確認し、それに裏打ちされた文化を培っていく決意を込めて、新しい装丁のもとに再出発したいと思う。一冊一冊から吹き出す新風が一人でも多くの読者の許に届くこと、そして希望ある時代への想像力を豊かにかき立てることを切に願う。

（二〇〇六年四月）

岩波新書より

随筆

高橋源一郎の飛ぶ教室	高橋源一郎
江戸漢詩の情景	揖斐 高
読書会という幸福	向井和美
俳句と人間	長谷川 櫂
知的文章術入門	黒木登志夫
人生の1冊の絵本	柳田邦男
レバノンから来た能楽師の妻	梅若マドレーヌ 竹内要江 訳
二度読んだ本を三度読む	柳 広司
原民喜 死と愛と孤独の肖像	梯 久美子
声優 声の職人	森川智之
生と死のことば 中国の名言を読む	川合康三
正岡子規 人生のことば	復本一郎
作家的覚書	高村 薫
落語と歩く	田中 敦
文庫解説ワンダーランド	斎藤美奈子
俳句世がたり	小沢信男
日本の一文 30選	中村 明
ナグネ 中国朝鮮族の友と日本	最相葉月
子どもと本	松岡享子
医学探偵の歴史事件簿 ファイル2	小長谷正明
里の時間◆	芥川 仁 阿部直美
閉じる幸せ	残間里江子
女の一生	伊藤比呂美
仕事道楽 新版 スタジオジブリの現場	鈴木敏夫
医学探偵の歴史事件簿◆	小長谷正明
もっと面白い本	成毛 眞
99歳一日一言◆	むのたけじ
土と生きる 循環農場から◆	小泉英政
なつかしい時間	長田 弘
ラジオのこちら側で◆	ピーター・バラカン
面白い本	成毛 眞
百年の手紙	梯 久美子
本へのとびら	宮崎 駿
ぼんやりの時間◆	辰濃和男
思い出袋◆	鶴見俊輔
活字たんけん隊	椎名 誠
道楽三昧	小沢昭一 神崎宣武 聞き手
文章のみがき方	辰濃和男
悪あがきのすすめ	辛 淑玉
水の道具誌	山口昌伴
スローライフ	筑紫哲也
森の紳士録◆	池内 紀
沖縄生活誌◆	高良 勉
シナリオ人生◆	新藤兼人
怒りの方法◆	辛 淑玉
伝言	永 六輔
四国遍路◆	辰濃和男
嫁と姑	永 六輔
親と子	永 六輔
夫と妻	永 六輔
愛すべき名歌たち	阿久 悠
活字博物誌	椎名 誠

(2023.7)　◆は品切，電子書籍版あり．　(Q1)

文学

川端康成 孤独を駆ける	十重田裕一
いちにち、古典 〈とき〉をめぐる日本文学誌	田中貴子
芭蕉のあそび	深沢眞二
森鷗外 学芸の散歩者	中島国彦
万葉集に出会う	大谷雅夫
大岡信 架橋する詩人	大井浩一
源氏物語を読む	高木和子
『失われた時を求めて』への招待	吉川一義
三島由紀夫 悲劇への欲動	佐藤秀明
有島武郎	荒木優太
ジョージ・オーウェル	川端康雄
大岡信『折々のうた』選 詩と歌謡	蜂飼耳編
大岡信『折々のうた』選 短歌㈠・㈡	水原紫苑編
大岡信『折々のうた』選 俳句㈠・㈡	長谷川櫂編
日曜俳句入門	吉竹純
短篇小説講義〔増補版〕	筒井康隆
日本の同時代小説	斎藤美奈子
武蔵野をよむ	赤坂憲雄
中原中也 沈黙の音楽	佐々木幹郎
戦争をよむ 70冊の小説案内	中川成美
夏目漱石と西田幾多郎	小林敏明
『レ・ミゼラブル』の世界	西永良成
北原白秋 言葉の魔術師	今野真二
漱石のこころ	赤木昭夫
夏目漱石	十川信介
村上春樹は、むずかしい◆	加藤典洋
「私」をつくる 近代小説の試み	安藤宏
現代秀歌	永田和宏
言葉と歩く日記	多和田葉子
近代秀歌	永田和宏
杜甫	川合康三
古典力	齋藤孝
和本のすすめ	中野三敏
老いの歌	小高賢
魯迅◆	藤井省三
ラテンアメリカ十大小説	木村榮一
正岡子規 言葉と生きる	坪内稔典
白楽天	川合康三
ぼくらの言葉塾	ねじめ正一
季語の誕生	宮坂静生
和歌とは何か	渡部泰明
小林多喜二	ノーマ・フィールド
いくさ物語の世界	日下力
漱石 母に愛されなかった子	三浦雅士
アラビアンナイト	西尾哲夫
小説の読み書き	佐藤正午
季語集◆	坪内稔典
学力を育てる	志水宏吉
森鷗外 文化の翻訳者	長島要一
英語でよむ万葉集◆	リービ英雄
源氏物語の世界	日向一雅

社会

- 女性不況サバイバル　竹信三恵子
- パリの音楽サロン　青柳いづみこ
- 持続可能な発展の話　宮永健太郎
- 皮革とブランド　変化するファッション倫理　西村祐子
- 動物がくれる力　教育、福祉、そして人生　大塚敦子
- 政治と宗教　島薗進編
- 超デジタル世界　西垣通
- 現代カタストロフ論　金子勝・児玉龍彦
- 「移民国家」としての日本　宮島喬
- 迫りくる核リスク　〈核抑止〉を解体する　吉田文彦
- 記者がひもとく「少年」事件史　川名壮志
- 中国のデジタルイノベーション　小池政就
- これからの住まい　川崎直宏
- 検察審査会　デイビッド・T・ジョンソン・平山真理・福来寛
- ドキュメント〈アメリカ世〉の沖縄　宮城修
- 東京大空襲の戦後史　栗原俊雄
- 土地は誰のものか　五十嵐敬喜
- 民俗学入門　菊地暁
- 企業と経済を読み解く小説50　佐高信
- 視覚化する味覚　久野愛
- ロボットと人間　人とは何か　石黒浩
- ジョブ型雇用社会とは何か　濱口桂一郎
- 法医学者の使命　「人の死を生かす」ために　吉田謙一
- 異文化コミュニケーション学　鳥飼玖美子
- モダン語の世界へ　山室信一
- 時代を撃つノンフィクション100　佐高信
- 労働組合とは何か　木下武男
- プライバシーという権利　宮下紘
- 地域衰退　宮崎雅人
- 江戸問答　田中優子・松岡正剛
- 広島平和記念資料館は問いかける　志賀賢治
- コロナ後の世界を生きる　村上陽一郎編
- リスクの正体　神里達博
- 紫外線の社会史　金凡性
- 「勤労青年」の教養文化史　福間良明
- 5G　次世代移動通信規格の可能性　森川博之
- 客室乗務員の誕生　山口誠
- 「孤独な育児」のない社会へ　榊原智子
- 放送の自由　川端和治
- 社会保障再考　〈地域〉で支える　菊池馨実
- 生きのびるマンション　山岡淳一郎
- 虐待死　なぜ起きるのか、どう防ぐか　川崎二三彦
- 平成時代◆　吉見俊哉
- バブル経済事件の深層　奥山俊宏・村山治
- 日本をどのような国にするか　丹羽宇一郎
- なぜ働き続けられない？　社会と自分の力学　鹿嶋敬
- 物流危機は終わらない　首藤若菜

岩波新書より

認知症フレンドリー社会　徳田雄人
アナキズム　一丸となってバラバラに生きろ　栗原康
まちづくり都市 金沢　山出保
総介護社会　小竹雅子
賢い患者　山口育子
住まいで「老活」　安楽玲子
現代社会はどこに向かうか　見田宗介
EVと自動運転　クルマをどう変えるか　鶴原吉郎
ルポ 保育格差◆　小林美希
棋士とAI　王銘琬
科学者と軍事研究　池内了
原子力規制委員会　新藤宗幸
東電原発裁判　添田孝史
日本問答　田中優子・松岡正剛
日本の無戸籍者　井戸まさえ
〈ひとり死〉時代のお葬式とお墓　小谷みどり
町を住みこなす　大月敏雄

歩く、見る、聞く 人びとの自然再生　宮内泰介
対話する社会へ　暉峻淑子
悩みいろいろ　金子勝
魚と日本人　食と職の経済学　濱田武士
ルポ 貧困女子　飯島裕子
鳥獣害　動物たちと、どう向きあうか　祖田修
科学者と戦争　池内了
新しい幸福論　橘木俊詔
ブラックバイト　学生が危ない　今野晴貴
原発プロパガンダ　本間龍
ルポ 母子避難　吉田千亜
日本にとって沖縄とは何か　新崎盛暉
日本病　長期衰退のダイナミクス◆　金子勝・児玉龍彦
雇用身分社会　森岡孝二
生命保険とのつき合い方◆　出口治明
ルポ にっぽんのごみ　杉本裕明
鈴木さんにも分かるネットの未来　川上量生

地域に希望あり◆　大江正章
世論調査とは何だろうか◆　岩本裕
フォト・ストーリー 沖縄の70年　石川文洋
ルポ 保育崩壊　小林美希
多数決を疑う　社会的選択理論とは何か　坂井豊貴
アホウドリを追った日本人　平岡昭利
朝鮮と日本に生きる　金時鐘
被災弱者　岡田広行
農山村は消滅しない　小田切徳美
復興〈災害〉　塩崎賢明
「働くこと」を問い直す　山崎憲
原発と大津波 警告を葬った人々　添田孝史
縮小都市の挑戦　矢作弘
福島原発事故 被災者支援政策の欺瞞　日野行介
日本の年金◆　駒村康平
食と農でつなぐ　福島から◆　塩谷弘康・岩崎由美子
過労自殺〔第二版〕◆　川人博

(2023.7)　◆は品切，電子書籍版あり．　(D2)

岩波新書より

岩波新書より

働きすぎの時代◆ 森岡孝二
桜が創った「日本」 佐藤俊樹
生きる意味 上田紀行
社会起業家◆ 斎藤槙
逆システム学◆ 金子勝 児玉龍彦
男女共同参画の時代 鹿嶋敬
当事者主権 中西正司 上野千鶴子
豊かさの条件 暉峻淑子
クジラと日本人 大隅清治
人生案内 落合恵子
若者の法則 香山リカ
自白の心理学 浜田寿美男
原発事故はなぜくりかえすのか 高木仁三郎
日本の近代化遺産 伊東孝
証言 水俣病 栗原彬編
日の丸・君が代の戦後史◆ 田中伸尚
コンクリートが危ない 小林一輔
東京国税局査察部 立石勝規

バリアフリーをつくる 光野有次
ドキュメント屠場 鎌田慧
能力主義と企業社会 熊沢誠
現代社会の理論 見田宗介
原発事故を問う◆ 七沢潔
災害救援 野田正彰
スパイの世界 中薗英助
都市開発を考える 大野輝之 レイコ・ハベ・エバンス
ディズニーランドという聖地 能登路雅子
原発はなぜ危険か◆ 田中三彦
豊かさとは何か 暉峻淑子
農の情景 杉浦明平
異邦人は君ヶ代丸に乗って 金賛汀
読書と社会科学 内田義彦
文化人類学への招待◆ 山口昌男
ビルマ敗戦行記 荒木進
プルトニウムの恐怖 高木仁三郎
日本の私鉄 和久田康雄
社会科学における人間 大塚久雄

女性解放思想の歩み 水田珠枝
沖縄ノート 大江健三郎
沖縄 比嘉春潮
民話 関敬吾
唯物史観と現代〔第二版〕 梅本克己
民話を生む人々 山代巴
米軍と農民 阿波根昌鴻
沖縄からの報告 瀬長亀次郎
結婚退職後の私たち 塩沢美代子
ユダヤ人◆ J-P・サルトル 安堂信也訳
社会認識の歩み◆ 内田義彦
社会科学の方法 大塚久雄
自動車の社会的費用 宇沢弘文
上海 殿木圭一
現代支那論 尾崎秀実

(2023.7) ◆は品切，電子書籍版あり． (D4)

福祉・医療

- 医の変革　春日雅人編
- 新型コロナと向き合う　横倉義武
- 〈弱さ〉を〈強み〉に　天畠大輔
- がんと外科医　阪本良弘
- 医の希望　齋藤英彦編
- 〈いのち〉とがん　患者となって考えたこと　坂井律子
- ルポ 看護の質　小林美希
- 健康長寿のための医学　井村裕夫
- 和漢診療学　あたらしい漢方　寺澤捷年
- 在宅介護　結城康博
- 医と人間　井村裕夫編
- 医療の選択　桐野高明
- 納得の老後　日欧在宅ケア探訪◆　村上紀美子
- 移植医療　橳島次郎　出河雅彦
- 医学的根拠とは何か◆　津田敏秀
- 転倒予防　武藤芳照
- 看護の力　川嶋みどり
- 心の病　回復への道　野中猛
- 重い障害を生きるということ　髙谷清
- 感染症と文明　山本太郎
- 医の未来　矢﨑義雄編
- パンデミックとたたかう◆　押谷仁　瀬名秀明
- 介護　現場からの検証　結城康博
- 腎臓病の話　椎貝達夫
- がん緩和ケア最前線　坂井かをり
- 新型インフルエンザ　世界がふるえる日　山本太郎
- 児童虐待　川﨑二三彦
- 生老病死を支える　方波見康雄
- 医療の値段　結城康博
- ぼけの予防◆　須貝佑一
- 認知症とは何か　小澤勲
- 障害者とスポーツ　高橋明
- 放射線と健康　舘野之男
- 定常型社会　新しい「豊かさ」の構想◆　広井良典
- 高齢者医療と福祉　岡本祐三
- 看護　ベッドサイドの光景　増田れい子
- 医療の倫理　星野一正
- 腸は考える　藤田恒夫
- 光に向って咲け　粟津キヨ
- リハビリテーション　砂原茂一
- 指と耳で読む　本間一夫
- 文明と病気　上・下　H・E・シゲリスト　松藤元訳

言語

- 優しいコミュニケーション　村田和代
- うつりゆく日本語をよむ　今野真二
- 英語独習法　今井むつみ
- 『広辞苑』をよむ　今野真二
- 60歳からの外国語修行 メキシコに学ぶ　青山南
- やさしい日本語　庵功雄
- 世界の名前◆　岩波書店辞典編集部編
- 英語学習は早いほど良いのか　バトラー後藤裕子
- ものの言いかた西東　小林隆・澤村美幸
- 日本語スケッチ帳　田中章夫
- 日本語の考古学　今野真二
- 辞書の仕事◆　増井元
- 実践 日本人の英語　マーク・ピーターセン
- ことばの力学　白井恭弘
- 百年前の日本語◆　今野真二
- 女ことばと日本語　中村桃子
- テレビの日本語　加藤昌男
- 日本語雑記帳◆　田中章夫
- 英語で話すヒント◆　小松達也
- 仏教漢語50話　興膳宏
- 語感トレーニング◆　中村明
- 日本語の古典　山口仲美
- ことばと思考　今井むつみ
- 漢文と東アジア　金文京
- 外国語学習の科学　白井恭弘
- 日本語の源流を求めて　大野晋
- 英文の読み方　行方昭夫
- ことば遊びの楽しみ　阿刀田高
- 日本語の歴史　山口仲美
- 日本の漢字　笹原宏之
- ことばの由来◆　堀井令以知
- コミュニケーション力　齋藤孝
- 漢字と中国人　大島正二
- 日本語の教室　大野晋
- 伝わる英語表現法　長部三郎
- 日本人はなぜ英語ができないか　鈴木孝夫
- 心にとどく英語　マーク・ピーターセン
- 日本語練習帳　大野晋
- 翻訳と日本の近代　丸山真男・加藤周一
- 日本語ウォッチング　井上史雄
- 教養としての言語学　鈴木孝夫
- 日本語の起源〔新版〕　大野晋
- 日本人の英語 続　マーク・ピーターセン
- 日本語と外国語　鈴木孝夫
- 日本人の英語　マーク・ピーターセン
- 日本語〔新版〕上・下　金田一春彦
- ことばの道草　岩波書店辞典編集部編
- 日本語の構造　中島文雄
- ことばとイメージ　川本茂雄
- 外国語上達法　千野栄一
- 記号論への招待　池上嘉彦
- 翻訳語成立事情　柳父章
- ことばと国家　田中克彦
- 日本語の文法を考える　大野晋

(2023.7)　◆は品切，電子書籍版あり．　(K1)

岩波新書より

芸術

- カラー版 名画を見る眼Ⅱ　高階秀爾
- カラー版 名画を見る眼Ⅰ　高階秀爾
- 占領期カラー写真を読む　佐藤洋一／衣川太一
- 水墨画入門　島尾新
- 酒井抱一 俳諧と絵画の織りなす抒情　井田太郎
- 平成の藝談 歌舞伎の真髄にふれる　犬丸治
- K-POP 新感覚のメディア　金成玟
- ベラスケス 宮廷のなかの革命者　大髙保二郎
- ヴェネツィア 美の都の一千年　宮下規久朗
- 丹下健三 戦後日本の構想者　豊川斎赫
- 学校で教えてくれない音楽◆　大友良英
- 中国絵画入門　宇佐美文理
- 瞽女うた　ジェラルド・グローマー
- 東北を聴く　佐々木幹郎
- 黙示録　岡田温司

- ボブ・ディラン ロックの精霊　湯浅学
- 仏像の顔　清水眞澄
- 柳宗悦　中見真理
- ヘタウマ文化論　山藤章二
- 小さな建築　隈研吾
- コルトレーン ジャズの殉教者　藤岡靖洋
- 雅楽を聴く　寺内直子
- 歌謡曲　高護
- 歌舞伎の愉しみ方　山川静夫
- 自然な建築　隈研吾
- 肖像写真　多木浩二
- 東京遺産　森まゆみ
- 絵のある人生　安野光雅
- 日本の色を染める　吉岡幸雄
- プラハを歩く　田中充子
- 日本絵画のあそび　榊原悟
- ぼくのマンガ人生　手塚治虫
- 日本の近代建築 上・下　藤森照信
- ゲルニカ物語　荒井信一

- 千利休 無言の前衛　赤瀬川原平
- やきもの文化史　三杉隆敏
- 歌右衛門の六十年　中村歌右衛門／山川静夫
- フルトヴェングラー　脇圭平／芦津丈夫
- 明治大正の民衆娯楽　倉田喜弘
- 茶の文化史　村井康彦
- 日本の耳　小倉朗
- 日本の子どもの歌　園部三郎／山住正己
- 二十世紀の音楽　吉田秀和
- 水墨画　矢代幸雄
- 絵を描く子供たち　北川民次
- ギリシアの美術　澤柳大五郎
- 音楽の基礎　芥川也寸志
- 日本刀　本間順治
- 日本美の再発見〔増補改訳版〕　ブルーノ・タウト／篠田英雄訳
- ミケルアンヂェロ　羽仁五郎

岩波新書より

哲学・思想

アリストテレスの哲学	中畑正志
スピノザ	國分功一郎
哲人たちの人生談義 ストア哲学をよむ	國方栄二
西田幾多郎の哲学	小坂国継
死者と霊性	末木文美士編
道教思想10講	神塚淑子
マックス・ヴェーバー	今野元
新実存主義	マルクス・ガブリエル 廣瀬覚訳
日本思想史	末木文美士
ミシェル・フーコー	慎改康之
ヴァルター・ベンヤミン	柿木伸之
モンテーニュ 人生を旅するための7章	宮下志朗
マキァヴェッリ	鹿子生浩輝
世界史の実験	柄谷行人
ルイ・アルチュセール	市田良彦
異端の時代	森本あんり
ジョン・ロック	加藤節
インド哲学10講	赤松明彦
マルクス 資本論の哲学	熊野純彦
日本文化をよむ 5つのキーワード ◆	藤田正勝
中国近代の思想文化史	坂元ひろ子
憲法の無意識	柄谷行人
ホッブズ リヴァイアサンの哲学者	田中浩
プラトンとの哲学 対話篇をよむ ◆	納富信留
〈運ぶヒト〉の人類学	川田順造
哲学の使い方	鷲田清一
ヘーゲルとその時代	権左武志
人類哲学序説	梅原猛
加藤周一	海老坂武
哲学のヒント◆	藤田正勝
空海と日本思想◆	篠原資明
論語入門	井波律子
トクヴィル 現代へのまなざし	富永茂樹
和辻哲郎	熊野純彦
宮本武蔵	魚住孝至
西田幾多郎	藤田正勝
丸山眞男	苅部直
西洋哲学史 近代から現代へ	熊野純彦
西洋哲学史 古代から中世へ	熊野純彦
世界共和国へ	柄谷行人
悪について	中島義道
神、この人間的なもの◆	なだいなだ
近代の労働観	今村仁司
プラトンの哲学	藤沢令夫
術語集Ⅱ	中村雄二郎
マックス・ヴェーバー入門	山之内靖
ハイデガーの思想	木田元
臨床の知とは何か	中村雄二郎
新哲学入門◆	廣松渉
「文明論之概略」を読む 上・中・下	丸山真男
術語集	中村雄二郎
死の思索	松浪信三郎

現代世界

岩波新書より

政治

- さらば、男性政治　三浦まり
- 日米地位協定の現場を行く　山本章子・宮城裕也
- 職業としての官僚　嶋田博子
- 学問と政治　学術会議任命拒否問題とは何か　芦名定道・宇野重規・岡田正則・小沢隆一・加藤陽子・松宮孝明
- 検証 政治改革　なぜ劣化を招いたのか　川上高志
- 政治責任　民主主義とのつき合い方　鵜飼健史
- 人権と国家　筒井清輝
- 「オピニオン」の政治思想史　堤林剣・堤林恵
- 戦後政治史〔第四版〕　石川真澄・山口二郎
- 尊厳　マイケル・ローゼン　内尾太一・峯陽一訳
- デモクラシーの整理法　空井護
- 地方の論理　小磯修二

- SDGs　南博・稲場雅紀
- 暴君　スティーブン・グリーンブラット　河合祥一郎訳
- ドキュメント 強権の経済政策　軽部謙介
- リベラル・デモクラシーの現在　樋口陽一
- 民主主義は終わるのか　山口二郎
- 女性のいない民主主義　前田健太郎
- 平成の終焉　原武史
- 日米安保体制史　吉次公介
- 官僚たちのアベノミクス　軽部謙介
- 在日米軍　変貌する日米安保体制　梅林宏道
- 矢内原忠雄　戦争と知識人の使命　赤江達也
- 憲法改正とは何だろうか　高見勝利
- 共生保障〈支え合い〉の戦略　宮本太郎
- シルバー・デモクラシー　戦後世代の覚悟と責任◆　寺島実郎
- 憲法と政治　青井未帆
- 18歳からの民主主義◆　岩波新書編集部編

- 検証 安倍イズム　柿崎明二
- 右傾化する日本政治　中野晃一
- 外交ドキュメント 歴史認識◆　服部龍二
- 日米〈核〉同盟　原爆、核の傘、フクシマ　太田昌克
- 集団的自衛権と安全保障　豊下楢彦・古関彰一
- 日本は戦争をするのか　半田滋
- アジア力の世紀　進藤榮一
- 民族紛争　月村太郎
- 政治的思考　杉田敦
- 現代日本の政党デモクラシー　中北浩爾
- サイバー時代の戦争◆　谷口長世
- 現代中国の政治◆　唐亮
- 政権交代とは何だったのか◆　山口二郎
- 日本の国会　大山礼子
- 戦後政治史〔第三版〕　石川真澄・山口二郎
- 〈私〉時代のデモクラシー　宇野重規
- 大臣〔増補版〕　菅直人